開会のあいさつ
「市民の司法」
久保井一匡（日本弁護士連合会会長）

法曹養成制度の改革によって弁護士が変わる……6
中坊公平（司法制度改革審議会委員）

日本型ロースクールをどう創るのか
公平性・開放性・多様性を確立するために
目次

第1部
ディベート
審議会の『基本的考え方』と各大学の構想……9

◎パネリスト

石島　弘（岡山大学教授）	上田　寛（立命館大学教授）	霞　信彦（慶應義塾大学教授）
髙木　剛（司法制度改革審議会委員）	高田昭正（大阪市立大学教授）	高橋宏志（東京大学教授）
田口守一（早稲田大学教授）	永井和之（中央大学教授）	浜田道代（名古屋大学教授）
福井　厚（法政大学教授）	宮澤節生（神戸大学教授）	吉田克己（北海道大学教授）
和田仁孝（九州大学教授）	塚原英治（弁護士）	

第2部
パネルディスカッション
日本型ロースクールの提起……51

◎パネリスト

阿部泰久（経団連経済本部経済法制グループ副長）	太田　茂（法務省大臣官房司法法制課長）
加藤新太郎（東京地方裁判所判事）	川端和治（日弁連副会長・検討協力者会議協力者）
北村敬子（司法制度改革審議会委員）	合田隆史（文部省高等教育局大学課長）
須網隆夫（早稲田大学教授）	田中成明（京都大学教授・検討協力者会議協力者）
柳田幸男（弁護士）	斎藤　浩（弁護士）

【資料1】法曹養成制度の在り方に関する審議の状況と今後の審議の進め方について（2000年4月25日・司法制度改革審議会）…135
【資料2】法科大学院構想に関する一試案（2000年7月29日・川端　和治）…131
【資料3】法科大学院（仮称）構想に関する検討のまとめ—法科大学院（仮称）の制度設計に関する基本的事項（2000年9月・法科大学院（仮称）構想に関する検討会議）…122
【資料4】「法曹養成制度の在り方」に関する審議の取りまとめ（2000年10月31日・司法制度改革審議会）…109
【資料5】各種の法科大学院構想の比較（司法制度改革審議会）…104

「市民の司法」を目指して

久保井一匡　日本弁護士連合会会長

本日は、日弁連の主催のシンポジウム「日本型ロースクール」の開催につきましてご案内を差し上げましたところ、お忙しいなか、たくさんの皆様にご参加をいただきましたことに、心からお礼を申し上げたいと思います。

司法制度改革審議会の委員をされている先生方、最高裁判所、あるいは法務省、文部省、大学関係者、経済団体、市民団体、マスコミ関係の方々、その他たくさんの方々にお集まりいただき、大変ありがたく存じております。

さて、司法制度改革審議会の審議は、昨年の七月に始まって、今まさに正念場を迎えております。本日のテーマでありますこのロースクールの問題は、その審議会の最も重要な改革課題の一つでございます。審議会の経過等につきましては、私のあいさつの後にごあいさつをいただきます審議会の中坊公平委員、あるいはパネルディスカッションでご発言をいただくことになっております髙木剛委員、北村敬子委員等からお話があると思いますので、それには触れないことにいたしますけれども、私ども日弁連として、司法改革の全体計画の中でこの問題をどのように位置づけ、どのように考えているかということにつきまして、若干お話をさせていただきたいと思います。

日弁連は、ご承知の方もおられると思いますが、一九九〇（平成二）年に第一次司法改革宣言を打ち出して以来、まる一〇年の間、司法改革に取り組んでまいりました。一九九八年には「司法改革ビジョン」、翌九九年には「司法改革実現に向けての基本的提言」を発表いたしました。

それらの司法改革の提言の中で私どもが目指しておりますのは、リンカーンの言葉ではありませんけれども、「市民の、市民による、市民のための司法」ということです。一口で言いますと

「市民の司法」を目指しているわけです。

その具体的な改革課題として、私どもは三つの大きな柱を掲げております。

一つは、言うまでもなく、二一世紀にふさわしい、市民に開かれた司法制度の構築であります。

第二は、具体的には、法曹一元制と陪審制であります。そして市民に開かれ、市民の役に立つ弁護士制度の確立であります。

そして三つ目は、これらを支える二一世紀にふさわしい法曹養成制度の構築であります。

本日は、この三つの柱の一つである法曹養成制度のあり方を問うシンポジウムでございますが、二一世紀にふさわしい法曹養成制度とは、どのようなものになるか。二一世紀は、大変複雑で高度な社会、そしてまた国際的な社会、あるいはまた高齢化社会、少子化社会、それからさらに二一世紀は人権のありようが問われる人権の世紀、そして環境が人類の生き残りをかけて問われる環境の世紀とも言われております。このような二一世紀に対応する法律家には、どのような資質が要求されるかといえば、人間と社会に対する深い洞察力と理解力を備えた、そういう法律家が養成されるべきであることは当然であります。

司法制度改革審議会は、昨年の一二月に発表した「論点整理」において、これからの法律家は「社会生活上の医師」としての役割を果たさなければならないということを指摘しました。私はこの指摘は本当に正しいと思います。そして、個人、行政、企業と、あらゆる分野に法と正義が行き渡るように法律家が活躍する必要があるわけであります。

それでは、その二一世紀に要求される法律家を養成するシステム、二一世紀の法曹を必要な分だけ、そしてかつ十分にその次代の要請に応え得る資質を持った法律家を養成するシステムというものはどうあるべきかということであります。戦後五〇年間続いた大学教育、司法試験、修習制度がこれまでは大変重要な役割を果たしたとは思いますけれども、今や限界が来ていると考えざるを得ないのであります。その内容については本日のこのシンポジウムの中で具体的な意見交換がなされると思いますが、それを改革するためにどうしたらいいのか。

今朝の日本経済新聞の朝刊をたまたま拝見いたしたところ、教育改革国民会議の第三分科

会の報告書が詳しく報道されておりました。二一世紀にふさわしい社会を支える高度専門教育が必要である。それは法律だけではなくてあらゆる分野に共通して必要であるということを強く指摘し、これからは大学院がその次代の要請に応える教育を担っていかなければならないということを大きく打ち出しております。

ロースクール構想が今、提起されておりますけれども、私は、これが正しく制度設計されるならば、新しい時代にふさわしい法曹養成システムとして十分に有効に機能し得る可能性を持っているのではないかと思います。昨年七月に京都大学の法学部でシンポジウムが開かれて以来、全国の各大学で次々とこの問題について大勢の人が発言を始め、シンポジウムが行われてきました。そういう状況を踏まえて日弁連は、本年の四月にロースクールが備えなければならない5つの条件を提起いたしました。

一つは、法曹一元を目指すものでなければならない。

二つは、実務教育を重視するものでなければならないというものであります。医学部では、病理学、基礎医学と臨床医学の両方をミックスした教育が行われており、理論教育と臨床教育の融合に成功していると言われております。私は、ロースクールが目指すものも同様で、他方において法律家として実践的な能力、実務的な能力を十分備えた、そういう法曹を養成するものでなければならないと思います。

三番目は、全国的な配置、ロースクールが東京とか大阪だけにできる偏った形ではなくて、やはり万遍なくできるということも大変重要であります。

そして四つ目は、金持ちだけが入れる大学にしてはならない。経済的な弱者に対する配慮が必要だということでございます。

そして五つ目は、ロースクールが最終的にどのような形で発足するにせよ、その八〇％の卒業生は弁護士の道を歩むということは明らかであります。だとするならば、ロースクールを構想する場合に医師会が非常に主体的に参加する、そういう形で、あたかも医学部を構想する場合に医師会が非常に主体的に参加しており、弁護士会が主体的に参加しており

れるように、弁護士会が主体的に参加する構想でなければならないと思います。

この五つの条件を日弁連の執行部方針としてまとめまして、四月一五日付けで審議会に提出いたしました。その後、四月二五日に審議会としてのロースクールの基本的な考え方が短い文章ながら的確に示されました。今、それに基づいて審議会が最終的に頑張っておられます。審議会の委託を受けた検討会議が間もなく中間報告をされるとお聞きしております。そして来週八月七日、八日、九日の三日間にわたり行われる審議会の集中審議において、およその方向性が出るという、そういう状況のようにお聞きしております。そうだとするならば、本日のシンポジウムは、これ以上ないグッドタイミングの極めて重要な、審議会に対して参考になり得るような内容のあるものにしていかなければなりません。その意味で本日は、日本の法曹養成制度の将来を決するといってもいい言ってもいいほど重要な意味を持つシンポジウムになると思います。皆さん方の積極的で実りのある討論を期待いたしまして、私の主催者代表としてのご挨拶にかえさせていただきます。

ありがとうございました。

法曹養成制度の改革によって弁護士が変わる

中坊公平　司法制度改革審議会委員

本日は、シンポジウム「日本型ロースクール」にお招きいただきまして、一人の弁護士として、そしてまた司法制度改革審議会の委員としてご挨拶をする機会を得ましたことを、大変光栄に存じております。

今回の司法制度改革審議会の目標というのは、二一世紀の我が国の司法というものがいかにあるべきかということを描き、それに至る道しるべを明らかにするというところにあります。私自身は、現在の我が国の司法というのは、本来果たすべき機能の二割しか果たしていないということを言い続けてきました。そういう意味からいたしますならば、二割が一〇割にならなければならないわけであります。二から一〇までというのは五倍でありまして、明らかにこれは少々の手直しで司法制度の改革ができるものではない。まさに抜本的な司法制度改革でなければならない、このように思っているものであります。

それでは、抜本的というのは一体どういうことなのか。このことに関しましては、司法制度改革審議会におきまして昨年の一〇月二一日に、我々としては三つの点を明らかにしました。

一つは、我が国においては法が社会の血肉と化さないといけない。法が社会の血肉と化すためには、まず国民みんなが統治客体意識から主体意識に変わらなければならない。国民みんなが客体意識から主体意識に変わるためには、法曹は社会生活上の医師としてお医者さんと同じように、みんなの中にとけ込んで、そしてみんなの中でそれを健康に活かしていくような方向に向けなければならない、こういうふうに決めてきたわけであります。

そして先ほどからもご紹介のありましたように、私たちはこの八月七、八、九日の集中審議を

終えまして、今年の秋には中間報告をしようとしているわけであります。そのように抜本的な司法改革ということになりますと、まずその先頭になります法曹、その法曹の中の大半を占めます弁護士、この弁護士がどのようにしてなっていくのかということが一番大切でありまして、私は、今回の司法制度改革における登山口というのは弁護士改革にあるというふうに言っているところであります。

まさに登山口であります弁護士改革というのは、一つにはまずもって、社会生活の医師と同じように国民の間に多数の大幅に増加された弁護士が参加していかなければなりません。同時に、その弁護士は少なくとも本当に闘う弁護士であり、そしてまた公益性に裏付けられた弁護士でなければならないと思っております。このような弁護士というものをどのようにしてそれでは養成していくのかというのがまた問題であります、私は、登山口ということは、まさにその弁護士をどのように養成していくかということは、まさに裾野に値するのがこの法曹養成、すなわち法学教育を含めた法曹養成にあろうと言ってきているところであります。

まさにそういうふうにいたしますと、司法制度を抜本的に直そうと思えば、まさにその裾野を明らかに強固なものにしなければならないというのは当然のことであります。そういう意味におきましては、本当に国民の良い方が、そしてまた多数のこの司法の道に目指していただける、このためのロースクールはいかにあるべきか。そしてまた本当の意味で闘う弁護士がどのようにして生まれていくのか、あるいは公益というものについて本当にどこまでの教育ができるのか、ここに法曹養成の在り方の根幹があろうかと思っていまして、そのための制度として、私たちは四月二五日の審議会で「基本的考え方」を申し上げ、今、文部省の検討会議で論議していただいているところであります。

この検討会議における論議においても、あるいは本日のシンポジウムにおきましても、一つだけ皆さんとして気を付けていただきたいと思いますのは、このロースクールの論議というのは、入口もあれば出口もあるということであります。入口というのは、どちらかといえば大学の教育

と大学院の教育をどのように持っていくのかというようなことが基本になってまいろうかと思うのでありますが、私はむしろその出口問題である司法試験・司法修習の問題も、どうか本日の論議の対象にしていただきたいと思うのであります。

今までの法曹養成あるいは司法制度全体が歪んできたという一つの大きな原因として、司法試験の在り方に問題があった。そこの人数の決め方に問題があったということになっているわけでありまして、ロースクール問題は単なるロースクールの大学、大学院との関係ではなしに、もっと重要なことはその出口、すなわち司法試験の在り方、司法修習の在り方ということとまさに密接に融合しているわけであります。

法曹養成制度の改革によって弁護士が変わり、弁護士が変わることによって日本の司法制度が変わっていくわけでありますから、まさに本日は、この抜本的な司法改革を変える一番基礎の部分を議論していただくわけでありまして、どうかその基礎が上の方へちゃんとつながっていくというような論議にしていただきたい。そして、本日の論議が本当に実りある論議となりまして、検討会議にもまた司法制度改革審議会にも反映いたしますことを心からお願いいたしまして、私のご挨拶といたします。

本日はどうもご苦労さまです。どうもありがとうございました。

8

◎パネリスト……………………………………………………

石島　弘……（いしじま・ひろし／岡山大学教授）
上田　寛……（うえだ・かん／立命館大学教授）
霞　信彦……（かすみ・のぶひこ／慶應義塾大学教授）
髙木　剛……（たかぎ・つよし／司法制度改革審議会委員）
高田昭正……（たかだ・あきまさ／大阪市立大学教授）
高橋宏志……（たかはし・ひろし／東京大学教授）
田口守一……（たぐち・もりかず／早稲田大学教授）
永井和之……（ながい・かずゆき／中央大学教授）
浜田道代……（はまだ・みちよ／名古屋大学教授）
福井　厚……（ふくい・あつし／法政大学教授）
宮澤節生……（みやざわ・せつお／神戸大学教授）
吉田克己……（よしだ・かつみ／北海道大学教授）
和田仁孝……（わだ・よしたか／九州大学教授）

◎コーディネーター………………………………………………

塚原英治……（つかはら・えいじ／弁護士・第二東京弁護士会）

第1部
ディベート
審議会の『基本的考え方』と各大学の構想

司法制度改革審議会の「基本的な考え方」は、
法科大学院（ロースクール）のあり方について
「公平性、開放性、多様性」という言葉によって巧みに表現している。
法科大学院について特徴的な構想を示している
全国の大学法学部の方々にお集まりいただき、
それぞれの構想が、この審議会の「基本的考え方」と
どういう関係に立つのかディベートを展開する。

はじめに

塚原　それでは早速、ディベートを始めたいと思います。

冒頭の挨拶にもありましたとおり、司法制度改革審議会は、本(二〇〇〇)年四月二五日の第一八回審議において、法科大学院(仮称)構想は「新たな法曹養成制度の核となるものとして、有力な方策であると考えられる」という見解をとりまとめ、文部省に対して、法曹三者、大学関係者及び審議会委員からなる検討会議の設置を依頼し、同構想に関する法科大学院(仮称)に関する当たっての基本的な考え方(以下「基本的考え方」と略す)を示しております。

「基本的考え方」は、「法曹養成制度の在り方に関する審議状況と今後の審議の進め方について」(本書収録資料1)にありますが、「公平性、開放性、多様性」という言葉によって巧みに表現されているように思います。

ここでは、ロースクールについて特徴的な構想を示しているる法学部の方々にパネリストとしてお越しいただき、それぞれの構想が、「基本的考え方」との関係でどういう関係に立つのかディベートを展開していただきたいと思っています。

批判を受けるリスクはご承知の上ではなかったのかもしれませんが、パネリストをお引き受けくださった皆さまに対して、冒頭に心から御礼を申し上げます。

各大学の構想については、お手元に「各種の法科大学院構想の比較」という資料(本書収録資料5)があるかと思います。六月一三日に司法制度改革審議会事務局が作成されたもので(その後新しいバージョンができましたので、それを掲載)、たいへん便利なものなので、使わせていただきたいと思います。

ただ、この中では慶應義塾大学と岡山大学についてはまとめになっておりませんでしたので、新たにお願いいたしまして、まとめていただいております。

この企画をした段階では慶應義塾大学がまだ案を出されていませんでしたので、ここには慶應義塾大学の案は含まれておりませんでした。したがって、ここには慶應義塾大学の案は含まれておりません。その点、お詫びとお断りをしておきたいと思います。

それぞれの大学のご厚意によりまして、本日ちょうどシンポジウムを行っております琉球大学をはじめ、九州大学、岡山大学、立命館大学、名古屋大学、早稲田大学、中央大学、慶應義塾大学、北海道大学のシンポジウムの資料を会場の外で自由にお取りいただくというような形で配布をさせていただきました。それなどをご参照いただきたいと思います。

まず初めに、髙木剛・司法制度改革審議会委員から、法曹養成制度改革審議会についてお考えになっていること、大局的な位置づけなどをお話しいただきたいと思います。よろしくお願いします。

1 法曹養成制度改革と法科大学院について

高木 冒頭で日弁連会長と中坊さんが、司法制度改革の狙いなり意義についていろいろお話しされましたが(本書二頁以下)、この法曹養成改革の問題はまさにその一環でなければならないということを申し上げてみたいと思います。

我々が前提にすべき日本の司法の現状は、どういう言葉で語られているのか。よく言われますように、小さな司法、非常に消極的な司法、あるいは裁判をすれば、たいへん時間がかかるといった指摘です。また一部の方々からは、裁判所の態度は、例えば行政事件について言えば、余りにも行政に寄った対応ではないかとか、あるいは、私は労働組合の仕事をしておりますが、労働事件についても、時代時代によって判決の書かれる背景に当然変わる部分があるんじゃないかと批判にしても時には弱い労働者に冷た過ぎるんじゃないかと批判される判決がみられます。これは偽みも入っているかもしれませんが、そういうことを含めまして、本当に国民の中に司法というのが血肉化しておらず、国民の信頼もなくなったといわれても致し方がない現状ではないでしょうか。また、三権の一つといわれるような言い方をよくされますが、本当に本来司法に負託されている権能・役割をきちんと果たせていないのではないか、その辺から司法改革の議論というのはスタートしていくべきではないかということで議論を始めたはずでございます。

ところが、実際に議論を始めてみますと、審議会の名前は「改革」という名前が直に入っているのはそうないと私は思っているのですが、司法制度改革審議会という名前を司法制度改良審議会、あるいは改善審議会に変えた方がいいのではないかという感じのする議論に陥ることも間々あるわけでございまして、二一世紀の日本の司法の果たすべき役割を大きくグランドデザインし、そのために何をなすべきかという改革の方途をとって明らかにするという役割が仰せつかっているにしては、改良に終わってしまいかねない、そんな心配をさせる一面もあるわけでございます。

法曹養成につきましても、皆さんのお手元に四月二五日の「法曹養成制度の在り方に関する審議状況と今後の審議の進め方について」が配布されていると思います。これを皆さんどのようにお読みになられたか、それぞれだと思いますが、よく言う建設工事等の話で「丸投げ」、「いやいや、そうじゃないんだ」という話がありますが、佐藤会長以下は、「審議会は検討会議に丸投げするのか」、「丸投げしないようにとたいへんご苦労されたと聞いておりますが、一部には丸投げじゃないかというご批判がございます。

それからこのペーパーの一字一句までは申し上げませんが、作る過程でどうしても現状をスタート地点にして議論しろというような考え方の部分が、最初の原案にはいくつかを

りました。特に司法修習の部分については、最初に現状ありき、みたいな書かれ方がされていました。現状をスタートにして検討会議の方に検討をお願いするとすれば、どうしても現状ありき、そして部分的に手直ししろという議論に陥りかねません。

そういう意味ではこうやって書かれているのですから、一応の合意ということなんでしょうが、例えば資料1（本書一三五頁以下）のⅢの「さらに」の前のパラグラフの後段で、「また法曹として実務に携わる前に実務修習を行うことの意義は十分に認められることから、少なくとも実務修習は法科大学院における教育とは別に実施すべきものとすべきである」という点でも基本的に異論はなかった。」と書いてあるんですが、異論を言った人は何人かいたわけです。私もその異論を言った一人でございます。実務修習が必要だということについてはだれも異論はないわけでございますけれども、かといって、今の最高裁が所管されるところの司法研修所がすべての前提になるんではないかということを訴えられたのだという経過がございます。私以外にも一、二おられたかと思うのですが、後の方でグジャグジャ直しましたんで、ここのところはこれでいいんじゃないかということになったんです。

それから、基本的考え方ということについて別紙の後半の部分に司法修習の問題等もいろいろ書かれておりますが、この表現ぶりをどういうイメージでお読みになるかといった…」のところをめぐりましても、読まれる方は「実務修習…

ら、どうしても現状の実務修習をイメージされる面もあるのではないかと思います。そういう意味では、結果としてどうなるかは議論していただいた上でということで結構だと思うのですが、もっとダイナミックに、少なくとも今の数倍の実務修習者を受け入れる場であるわけですから、今の一〇〇人の体制を前提にする発想を乗り越えて論議してほしいということだろうと思うわけでございます。

本席にはそれぞれ各大学からご造詣の深い先生方がお見えでございます。そして各大学あるいは弁護士会等でもいろんなロースクールについてのお考えをそれぞれご表明になっておられますが、ごく抽象的で申し訳ない面もありますが、若干私の感想を言わせていただきます。

大学の先生方の法学部教育に関する現状認識についてですが、大学の法学部というのは今まで何をされてきたのか、特に法曹養成という意味でどんなご貢献があったのかと問われたら何と答えられるのでしょうか。ある司法試験受験予備校の方のお話を聞きましたら、「予備校という言われ方は不本意です。受験指導校といってください。」と言われてましたが、大学に受験指導をやる、そういう部分が非常に少ないという実態を棚に上げておきながら、いろいろ受験指導校について批判をなさりながら、いろいろ受験指導校について批判をなさりながら、ダブルスクールだとかいって、「自分たちが何をしてこられたのかというご反省があるんですか。」と確かに反論です。大学の先生方は一面で研究者という立場もお持ち

でございますし、学問の自由に担保されながら研究の成果を競われているという役目は当然あるわけでございますが、一方で学生に教えていただくという機能をお持ちのはずでございます。その教えていただくという機能をどのようにお考えになってこられたのか。特に法曹養成という側面でどのようにそういったお役目をお考えになってこられたのか。もちろん法学部は法曹養成のためだけじゃない、ゼネラリストの養成だというご意見が返ってくるわけでございますが、そういう意味では、学ぶ側にはそれぞれの学ぶ目的意識に沿って学習をする権利があると思います。その権利に対して大学が果たすべき義務がまともに果たせてこなかったというご反省がないままに、学部と司法試験の間をつなぐ単なる物理的な年数の架け橋論だけがだったら、もっと別な言い方をしましたら、そういった今までのことに対するご反省、悔悟の念をお持ちでない大学に、本当にご覚悟があってこのロースクールというものをご検討されているんでしょうか。そういった感じがしないでもないものですから、敢えて失礼を顧みず申し上げさせていただきました。

そういう中で、大学の法学部のダブルスクール現象といった現象面だとらえてみて批判しても始まりません。ある意味では司法試験指導校なるものが果たしている役割、例えばある受験塾によりますと、社会人が四分の一ぐらいを占めている。また大学は法学部でない他学部の学生さんが受験塾で一生懸

命司法試験を目指してこの受験塾で勉強されている。いろんないわゆる「隙間」をこの受験塾が埋めている面があるんだろうと思います。そういったことについてもどういうご見解をお持ちなのか。いろいろおありだろうと思いますが、いろんな意味でのご検討を賜らなければいけないのではないかと思います。

また、「二割司法」ということを冒頭で中坊さんもおっしゃいましたが、中坊さんも余り大きな顔をして言ったらいけない立場のお一人だろうと思います。こんな司法にしたら法曹三者の皆さんそれぞれにご責任があるはずです。私ども国民の一人としての責任は当然あるんだろうと思いますが、例えば法曹養成をキャリア裁判官のリクルートの場としか考えてこなかった司法研修所、あるいは司法制度のウォッチャーであり、必要があればいつでもそのリフォームの先頭に立つべき権能を、行政の立場からもしれませんが、その機能を担うべき法務省は、法曹養成の改善にどんな努力をしてこられたのか。その法務省が司法試験管理委員会の所管をいたしております。日弁連も最近はお変わりになったということのようでございますが、かつては弁護士の数を増やすということについて非常に消極的な対応をされてきた。今でもそういう考え方が日弁連のメンバーの中にも、たくさんなのか一部なのか相当なのかわかりませんが、おられるとお聞きしますが、そういう意味では小さな司法に安住をしてきた日本の弁護士さ

ん。八つ当たりみたいで本当に恐縮でございますが、それぞれがいろんなご反省を持ち、それなりに懺悔をしていただく気分でこの問題に取り組んでいただかなければいけないのではないかと思います。

いただいたお時間がまいりましたが、審議会の「論点整理」が昨(一九九九)年一二月に提案しましたように、社会生活上の医師だと言われる法曹の方々、それも圧倒的多数は弁護士としてお仕事をなさる。もちろんロースクールの卒業生の方々の中にはいわゆる法曹三者以外のお仕事に就かれる方もこれからは出てくるんだろうと思いますが、そういった方々に当然国民が求めていく法律家としてのライアビリティという観点も考慮されなければなりません。それから法曹三者の皆さんは当然協力されるべき領域は多いわけで相互信頼のある法曹をつくっていくにはどうしたらいいのか。その中で公平、開放、多様、あるいは地域性も考える必要があります。

そんなようなことを含めまして、大学の現状の延長線上の論理ではない日本の未来を託するにふさわしいロースクールができてほしいものだと思います。大学とは切り離して独立した形でやっていただいた方がいいという議論にもなりかねませんので、どうぞその辺は心してご検討をいただければと思います。

最後に、勉強する方の側のことも考えた議論に是非していただきたいということを付け加えて発言を終わらせていただきます。以上、生意気なことばかり申し上げましたが、お許しをいただきたいと思います。(拍手)

2 ディベートの進め方

塚原 ありがとうございました。

それでは、ディベートに入りたいと思います。まず進め方についてご説明します。主要な論点ごとに、異なる構想を示している大学を指名してお答えいただいて、自然にディベートになるようにしたいと思っております。特に発言したいときはパネリストにおいて挙手をして発言していただく。大学案という形で、かつ指名するときも便宜上、何々大学という形でお呼びをしますけれども、それぞれの意見のとりまとめはワーキンググループであったりいろいろしておりまして、機関決定を経たものとは必ずしも言えない部分が多いのが現状です。また各提案の積極的部分は既に法律時報増刊の『シリーズ 司法改革Ⅰ』などに収録されておりますし、九大の資料は本日お配りしていますので、そこでかなり共通の問題意識となっている部分については省略します。不十分ではないかと思われる点、疑問点などをいろいろお尋ねしていくということで、その場合は参加者にお気の毒な部分がありますが、それは個人の意見となりますことがあるということを参加者に成り代わってお断りをしておきたいと思います。

それから、皆さん先生ばかりですが、私は市民集会では

べて「さん付け」で通させていただいております。「さん」あるいは大学名をお呼びいたしますので、よろしくお願いします。なお、宮澤さんは神戸大学の代表者としてではなく、個人としてご参加いただくということになっておりますので、個人としての意見をまた述べていただきたいと思います。会場にも多数大学関係者にお越しいただいておりまして、特に議論しているユニークな案を出しておられる大学が来ておられる場合は、こちらで指名させていただきますので、手短に議論にご参加いただければと思います。また、質問者としてはいろいろ議論を喚起するために厳しい議論等をいたしますが、これは意図的に行うものでありまして、日弁連の立場とは無関係でありますので、そのことも付言いたします。時間が限られておりますので、七つの項目について順次議論していきたいと思います。

① 法学部改革あるいはロースクールと法学部との関係。
② 他学部出身者、社会人の受け入れと入学選考の問題。
③ 修業年限の問題。
④ 実務教育と実務家教員の問題。
⑤ 設置手続、総数と総定員、定員配分、地域分布。
⑥ 司法試験の出願資格の問題。
⑦ 実務修習の問題。

では早速、本題のディベートに入っていきたいと思います。

3 法学部との関係

吉田 今日はいろいろ批判されることを覚悟でまいりました。のっけから髙木さんの方から厳しいご批判をいただきました。今まで大学というのは余り批判されることが少のうございまして、いろいろ批判を受けて真剣に考えていくことはたいへん良いことだと思っております。ただ、ご批判についてはすべて同意できるかどうかについては、今後いろいろ議論していくということだと思います。

そういうことを申し上げた上で今のご質問にお答えしていきたいと思いますけれども、まず、いま、塚原さんの方から、法科大学院でプロフェッショナルな法学教育を行う以上は法学以外を専攻した者こそ魅力的な人材ではないかという発言がございました。私は多少これは認識が違うんではないか

まず法学部との関係ですけれども、法科大学院でプロフェッショナルな法学教育を行う。そうする以上は、法学以外を選考した者こそ魅力的な人材だと考えるわけで、ロースクールの設置を契機に法学部を大幅に再編成するべきではないかという考えがあります。北大は法学部では骨太の実体法教育をやるんだということなんですが、これはリベラルアーツ化ということなのか、どういうことなのか、その趣旨をお伺いします。

思っております。もちろん法学以外を専攻された方、他学部出身の方はたいへん魅力的な人材だと思いますと同時に、法学部卒業生もまた魅力的でございます。しかしそれと同時に、法学部卒業生以上に他学部卒業生が魅力的だというふうには思っておりません。他学部生が魅力的だというのは、最近いろいろお話を聞くんですけれども、例えば知的財産関係などで工学部ご出身の弁護士の方がいらっしゃるわけですが、たいへん優れたご活動をなさっていると聞いております。そういう場合にはまさに他学部卒業の法学部のメリットを生かしていることだと思います。しかし、そのような領域だけではないわけでありまして、決して法学部ご出身の方がないわけではない。むしろ会場の先生方にも法学部ご出身の方が多いと思いますけれども、おそらく多様で優れたご活動をされていると思います。

 問題は、法学部でどのようなことを勉強するのかという方にあるのだろうと思います。そこで、先ほどの「骨太」云々でありますが、言葉としては北海道大学の草案ではありませんで、神戸大学の表現をお借りしました。プライオリティの関係でそれだけは先に申し上げておきますが、私どもの認識では、現在までの法学部教育、実体法教育は多少負担過重であったんじゃないかと思います。と言いますのは、学部で自己完結的に教育を終えなければいけないというのが今までの考え方でした。そうなりますと、素材的にも詰め込みますし、また考え方の点でも様々な学説を教えなければいけないとい

うことで負担が過重になるわけです。もちろん必要であればそれはいいんですけれども、かえって負担過重であることによって学生に伝わらない部分がかなりあったんではないか。その枝葉を切って、本体の部分をきちっと教える。基本的な制度内容や基本的概念、これをきちっと教えていこうというのが、私たちが考えている方向です。ただ、これはただ対象を斬るということではありませんで、中身については、例えば比較法的な観点を入れて、日本の制度がどのような観点にあるのかをきちっと教えていこう。さらに言えば、歴史的な観点も教えて、歴史的な目で見た場合、現在の制度がどのような位置にあるのか、これをきちっと教えていこうと、そういう問題関心があるわけでございます。

塚原 東大、早稲田、中央は学部三、四年に法曹コースをつくるという構想を出されていますが、特に学部四年と法科大学院二年間を合わせた六年間一貫教育と言われています。早稲田大学にお伺いしますが、それはまさに囲い込みになるので、公平性、開放性、多様性という原則には反するのではないかと思うのですが、いかがでしょう。

田口 配られております早稲田大学案の一覧表は、簡潔に書いてありますので、あるいはこれだけを見ただけでは十分な理解を得られないかもしれませんが、早稲田大学の場合は国立大学と違いまして、何分にも一学年一二〇〇人の学生がおりま

す。一二〇〇人の学生がそれぞれ多様な進路を持っておりますので、これは法科大学院問題以前からコース制を採用しなければならないのは必然であると考えてきました。そういうわけで、法律コースと国際コースと、行政と言いましょうか、政策コースと、こういうようなことで従来でもコース制をとっているわけです。その延長線で法曹コースというものを申し上げているわけですし、またこの法曹コースが法科大学院がつくられる場合にはさらにブラッシュアップされる必要がある。こういう文脈で使っておりますことを、第一点としてご理解いただきたい。

その場合に、法曹コースに進まない政策コースなり国際コースの学生、あるいは企業に行く学生に対する四年間の法学教育を再編成する必要があるということを申し上げておりまして、四年間で完結した法学教育をなすためには現在のシステムでは足らないということで法学部再編を考えているわけであります。

これに対して法曹コースの学生は、あと二年間あるということでありますから、後二年間の法科大学院での学習を射程距離に入れて法曹コースの法学教育をなす。つまり、それは学部四年間から考えますと六年間ということになります。六年間の射程距離で考える。六年間を計画的に積み上げ教育することによって責任ある法曹、質の確保と申しましょうか、それができるんだと、こういうふうに考えているのであります。

問題は、公平性、開放性、多様性というようなことに反するのではないかということなんですけれども、自分の大学の法曹コースを受けた者がロースクールに行く、法科大学院に行くのに有利であるということになると、確かにそういう批判も当たるかなと。私どもの案を発表したのは今（二〇〇〇）年一月でありまして、既に六か月経っておりますが、その間いろんな意見が聞こえてきまして、内部的な検討を加えておりますが、我々のポイントは六年間、あるいは学部教養二年を除きますと二十二の四年間で責任ある教育をしたいということなのです。したがいまして、自分の大学であろうとほかの大学であろうと一定の学部教育を経てきた人についてあと二年間の教育をしたい、言葉を換えて言えば、学部二年間を前提にして法科大学院の二年間のカリキュラムを構築したい、こういう考え方なわけです。したがいまして、それは何も自分の大学の囲い込みということに固執するわけではないのでありまして、もし推薦入試をやるにしても、広くほかの大学からの推薦もあっていいし、何も推薦ということに固執する必要はない、こういうふうに考えております。

塚原 これに対して北海道大学、立命館大学、九州大学は法曹コースの設置に明瞭に反対しているようですが、逆にそうなると法学部の社会的地位というのが低下をするというようなことはないのか。立命館はその点いかがお考えですか。

上田 法学部の社会的な地位がどういうものかということはまたいろんな理解があると思うんですけれども、もし何らかの社会的な地位があるとすれば、それは社会に多くの法学部出身者を送り出して、それで、ゼネラリストという言葉がありますけれども、そういったことによって寄与しているということだと思うんです。つまり、必ずしも法曹ではないんだけれども、しかし法的な基礎的知識を持っていて、法の言葉を理解し、そして法の運用に共感するといったような素養を持った多くの市民を、年間五万人近くになりますけれども送り出している。そのことによって法学部は社会的な機能を果たしているのだと思います。そのときに、他学部の出身者を法曹養成課程に引き込むことが法学部の地位の低下につながるというような発想は私どもはとりません。むしろ、これは司法の基盤をどのように拡大していくかという問題だと思っておりまして、いわゆる高度化であったり国際化であったり情報化であったり、現代社会の要請に応えるような多様性を持ち多機能を持った法曹を多く生み出していく、それで日本社会の司法の基盤を強化するといったことを考えたときには、別に法学部出身であれ、他学部出身であれ、そういったことについてはあまり関係がないのではないかと思っています。そのことはさっきから問題になっております法曹コースの問題にも関わると思っています。法曹コース自体は、これにかかわる一つの論点としましては、一九歳つまり学部の二年次という早い段階で法曹となることを決めた人

というのが将来的に法曹としてふさわしいかということもあるわけですけれども、その問題は置いておきまして、もっと大きな問題点として、自分のところの法学部の出身者だけで囲い込むといったことをやりますと、法曹の多様性といったものについてやはり問題を残すのではないかと思っているわけです。そういうところへ他の学部であれ、あるいは他の大学であれ、様々な経路をたどってやってきた人、社会人、この人たちにきちっとした教育をして、それで法曹としての基本的な知識と資質を身につけてもらって、わが国の司法の基盤を多様化していく。多様化ということは、結局は国際的な競争力にもつながるし、あるいは司法の基盤の拡大にもつながると思っておりまして、そういった点から我々の案のようになっているわけです。

塚原 今の論点に絡んで、既に第二のテーマに入っておりますが、中央大学や法政大学は一定枠を内部進学者で埋めるというお考えのように見えますが、この点は中央大学はいかにお考えですか。

永井 何か公平性、開放性に反するのではないかと言われていますけれども、答えは多様性というもう一つの標語に答えを求めていきたいというように考えております。

現在、中央大学は、ロースクールができるということを前提にして法学教育の改革を考えております。その中において

は、従来学部でやっていた先端的な法律科目だとか複合的な高度な法律科目、それから国際的、複合的な科目といったものをロースクールの方に持っていく。それによって空いた法学教育の時間を基礎的、複合的な視野を涵養する法学以外の科目を導入していきたい。これははっきり言えば、現在、コンソーシアム構想（注1）だとか他学部履修だとか他学科履修、これが文部省の基準では六〇単位まで認められるようになっているから、それを利用して従来あった三〇単位からの六〇単位まで認めていくことによって、それぞれの例えば生物内部進学者を決定していきたいというふうに考えているもので、そういった意味では高度性、国際性といった中央大学独自のいわばロースクール構想を進めていくための内部進学者の決定というふうに考えています。

　そういう意味では、そういったような私学の独自性といったものも、ある意味ではロースクール構想の一つの特徴であるとすれば、そういった独自性を認めるというのは、ここで言う公平原則、開放原則と必ずしもぶつかるものではないんではないかと考えております。

　注1　このことを一言でいえば、複数の大学による大学連合と訳すことができる。これは単に二大学間の協定によるものとは区別されて、通常は使用されている。しかし、その内容にはいろいろな形態がある。

塚原　東京大学の案はずいぶん前に出まして、この中身では他大学とか他学部出身者はどうなるのかがよくわからないのですが、その後どのように構想が具体化しているのでしょうか。

　注2　AOは、admission office の略。学部成績や適性などを総合的に考慮して選考する方式。

例えば、①複数の独立した大学が、単位互換とか、共通のプログラムをつくったりして連携する、②それぞれ独立している大学同士が、人的・物的資源を共有する、③同じように独立した大学間で、ITなどを利用して他大学の人的資源を集めて、一つの大学かのように運用されていく、といった形態が考えられる。

高橋　他大学か他学部出身者、それから一度社会に出た人が法科大学院に入ることは歓迎するという方向で考えております。

塚原　その場合他学部出身者にも法律学の試験を課すのでしょうか。

高橋　他学部出身者に入ってもらう意味は、きちんとやってきた人に入ってもらうということです。その人たちには法律の知識は入学段階では求めないということで、逆に言いますと、他学部に籍は置きましたけれど

も、本来の勉強もしないで法律の勉強ばかりしているような人に入ってもらうということは考えていないということであります。

塚原 一部にはLSAT（注3）のような法知識を試さない適性試験こそもっとも公平、開放、多様という基準に合うという考えがあります。パネリストにはそのような構想を出しているような大学はないようですが、フロアーのところでそのような構想をとっているところはおおりですか。特にないですか。それでは宮澤さんの発言をお願いします。

注3 Law School Admissions Test アメリカにおいて全国統一で実施されているロースクールの適性試験。論理的推理力、分析的な推理力、読解力、書く能力を試す試験であり、法律知識は試さない。

宮澤 個人の資格で発言させていただくということですけども、今までのご議論を伺っていて、司法制度改革審議会が大学院レベルにおけるプロフェッショナルスクールとしてロースクールを構想しているということの意義を、やはり十分理解しておられないところがかなりあるのではないかという印象を持つわけです。プロフェッショナルスクールで法学教育が体系的、総合的に行われるわけですから、それ以前に法知識があるかないかということは問題にならないと私は考えるわけなんです。むしろ必要とされるのは、先ほど、生物学の知識がある人がその先端技術専門のということをおっしゃ

いましたけれども、それは法学をやりながら生物学の授業を一般教養科目でとった、あるいは副専攻としてとったっていう程度よりは、生物学で学位を取ったとか、あるいは医療関係で活動したとか、そういうこと自体を評価することが必要なのであって、いささかプロフェッショナルスクールとして大学院ができるのだという趣旨が、まだ十分理解されていないんじゃないかと、私には思えます。

4　修業年限

塚原 そこでまたディベートが続くとおもしろいんでしょうが、恐縮ですが先に進むということにします。今の問題と絡んで修業年限が大きな問題です。先ほどちょっと出ましたが、法学部で二年やっているから、あとは二年なんだという意見があります。法学部以外の人は三年で法学部出身者は二年という意見、あるいは、それを区別せずに三年という構想が現在出ているわけです。慶應義塾大学は二年制案だと理解されますけれども、例えば司法試験が卒業前になされる、今のような時期（五月〜一〇月）になされると、実質上一年とか一年半しか教育できないという問題があるんですが、どのようにお考えですか。

霞 基本的に司法試験がこれからどうなるかということがはっきりしていませんから、今の段階での問題としてご指摘

ような疑問が出てくるんだろうと思います。しかし、少なくとも私は、法科大学院における二年制コースの対象となる学生は、とにかく四年間完結の法学部で必要な基礎教育を受けた人たちですから。当該の期間のなかでも、彼らが十分な教育成果を挙げ得ると思います。

塚原　立命館大学の構想を見ますと、ロースクールの期間が三年から四年になっていて、さらに実務修習があるとすると、学部を加えると一〇年ぐらいかかることになります。それではあまりにも負担が大きくて、法曹になろうとする者が減っていくということにはならないんでしょうか。

上田　この一覧表（本書収録資料5）にまとめられているものを見ますとそういう印象があるわけですけれども、後から説明しますように、もう少し正確に読まれるべきだと思うわけですが、つまり立命館は基本的には三年案をとっています。法科大学院で三年ということなんです。この三年案自体がどちらかと言うと少数の考え方のようですけれども、しかし、逆に二年案がどうして有力なのかということは、結局、やはり、現在の司法試験が平均で何年で通るかということもありますけれども、余り長い期間かかると、その間の学費負担とか、あるいはそれ以外の様々な社会的な負担が重過ぎて耐えられないだろう、あるいは現行の大学院制度に合わせて二年だというような発想だと思われるわけです。しかし、逆に法

科大学院でそれでは何をやるのかといった発想からいきますと、これは充実した教育を行うんだと、先ほど来申しましたように、専門的知識を様々に持った法曹を育てる、国際的な知識を持った、やはり充実した教育のためには三年が必要ではないかと、いうのが基本的な発想なんです。それで、慶應義塾大学のいま話がありましたけれども、むしろ明確には、中央大学の案では、法科大学院二年次の七月に司法試験だというふうに書かれているわけでして、そういったことになってくると、結局一年ちょっとしか教育はできないということで、本当に法科大学院をつくって、そこできちっとした教育を行うという、そういう発想をとるべきだと思うんです。

そういったことを考えて、我々としては三年ということを言っているわけですが、それとは別に、学部の現在の教育システムが既に大学院への飛び級制度も認めておりますし、二〇〇〇年度の入学生からは、これは学校教育法の改正によって三年次修了ということが正規に可能になりますので、そういったことを考えますと、法科大学院を経て法曹になろうとする人のかなりの部分は合計六年で終えるだろうと大体想定しています。そういったことを考えて、しかも他の法律以外の分野から来た人については、それにつけ加えて何がしかの準備教育というのが必要になってくるだろうといったことも含めての構想でありまして、それを表現するのに、確かにこ

5 実務教育と実務家教員

塚原 年限問題はそういう議論が続けられているようですが、大事なところは中身の問題です。アメリカのロースクールでも最近では、一方では理論化、学際化が進行していると同時に、他方では実務家の批判やABAの認定基準、有名な報告が出てますけれども、実務関係の教育が強化されて、一年次ではシミュレーション、三年次では legal research and writing、二年次はクリニックというのが典型的な構想に

なってきているわけです。これまで日本の大学から出ている構想については、どうも実務の教育の部分が何か回避されているように見えますし、実務家を専任教員に採用するということも消極的なように見えますが、元々プロフェッショナルスクールのはずなのに、それでは十分にプロフェッショナルスクールと言えないのではないかと考えられます。あるいは、これは後の論点と絡みますけれども、司法研修所の前期修習などをロースクールに取り込まないと、結局研修所の入れ物論で、人数の制約が残って、司法試験を資格試験化するというようなことはできないのではないか、この点について東大はどのようにお考えられるわけですが、この点について東大はどのようにお考えでしょう。

高橋 研修所は人様のことですから、私どもが研修所はこうなれと言えるものでもはありませんけれども、研修所も当然法曹養成課程全体の見直しの中で、それなりの変容は遂げられるんだろうと思っております。ですから、研修所の入学定員はリジットなものにならないでほしいという前提で私どもは考えております。
あるいは、研修所の入れ物そのものよりも、実務修習の各実務庁あるいは弁護士会、その方の収容能力の問題なのかもしれませんが、そちらの方もフレキシブルにできるだけ考えていただきたいと思っております。
それはそれとして、法科大学院で、現在研修所で行われて

の表現を読むと、三年から四年ということでずいぶん長いようになりますけれども、実際の内容を考えると、他の大学とも余り変わらないことになってしまうかなと思ったりするわけです。
もう一遍繰り返しますけれども、要はこの法科大学院において、応用展開的な科目をやったり、あるいは法曹倫理とか法律実務といったものを、実習的な科目を介在させながらきちっと教育したい。クリニック（注4）も展開したい。そういったことを考えていきますと、どうしても三年間は必要になってくるというふうに思います。

注4 Legal clinic 臨床的法学教育の手法として、アメリカのロースクールで行われているもの。ロースクールに付置されたクリニックに来訪した相談者の抱える法律問題に、教員の指導の下に学生が対応するもの。州によっては、死刑事件の弁護で法廷に立つこともある。

いる前期修習のようなものを理論的には可能ですし、私どもも別にそれを嫌がるわけでもありません。だし、取り込まない方向で構想する法科大学院もありうるでしょう。

塚原 では大阪市立大学の高田さん、お願いします。

高田 司法研修所のことで一言いっておきたいのですが、私は今のままで司法研修所を残すべきではないと思っております。理由は二つあって、一つは量的な理由で、司法修習生のその収容に物理的、施設的に限界がある現在の司法研修所をその

ちょっと先走りますが、私どもは研修所は残った方がよいと考えておりますので、アメリカとカナダでいえば、カナダ的な方になるわけでありまして、大学で行う実務教育はカナダの現状報告がまさにそうであるように、実務そのものを教えるわけではないという傾向になります。実務と理論の双方を教えますが、理論の方から実務を見ると、そういうことであろうと思っております。

また専任教員を採用するのに消極的だということは全くございませんで、来ていただける方々はどんどん来ていただきたいと思っております。が、なかなかここは給与の面とか何とかございます。もちろんだれでもいいというわけにはいきませんので、大学の方が審査をさせていただきますけれども、来ていただける方は歓迎するという姿勢でおります。

まま残してはやはり将来の法曹養成改革に重大な制約を課すことになるというのが一つです。

もう一つは質的な理由です。現在の司法研修所が裁判官希望者の方の自己規制というか自己抑制というものが問題になっている。裁判官志望者のリクルートということが重視されて、そういう観点からは、司法研修所の改組が必要であろうと思っております。私は、司法研修所を改組して、高等裁判所所在地である全国八カ所に設置され、法曹三者が管理・運営するような、そういう「司法研修センター」をつくり、それが司法研修所の機能を発展的に受け継ぐものだと思っているところです。

この「司法研修センター」は、私は、同時に法科大学院段階での実務・技能教育も行うという、そういう二重の機能を果たす機関であるべきではないかと考えております。地域に複数の小規模法科大学院を置くというのが市大の基本構想して、それと地域に一つの「司法研修センター」が有機的に連携して、法科大学院段階での実務教育を担う。そういうことになれば、別に大学院センターの専任教員である必要もありませんし、逆に大学院教員がセンターの専任教員として実務家がむしろこういう小規模の法科大学院と「司法研修センター」を有機的に連携させることを今後は考えていかなくてはいけない。そうしたときにこそ、法科大学院が実務を内在的に、あるいは批判的に検討する理論教育に責任を持てるようにな

るわけですし、かつ「司法研修センター」は、技術的な実務教育に責任を持つものになっていく。残るのは、あとは両者をどう有機的に連携していくか。法科大学院のスタッフと「司法研修センター」のスタッフの間にどういう日常的な関係をつくって、協力体制をつくっていくのかという課題になると、私はそういうふうに考えるべきだろうと思っています。

塚原　今の点は後で、実務修習の問題について、それぞれのご意見も伺いたいと思っています。

法政大学は、検討会議で文部省が全国の大学の法学部長に出したアンケートに対する回答では、司法研修所教官経験者等を採用すべきだというような回答をされていますけれども、そのような人たちに具体的にどのような教育を担当させるつもりなんでしょうか。

福井　法政大学では、ロースクールの問題が起こる以前から実務家を採用するための任期制教員規程というものを作るという議論が行われて、昨年の教授会でようやくその承認を得たという状況です。それは今年の四月一日から実施され始めており、そういう規程を整備して実務家を採用する準備をしています。ただ、司法研修所教官というよりはもう少し広く実務家を採用しなくてはいけないという問題意識から出発しているんです。それはやはり、我々が理論教育と言っている

わけですけれども、ロースクールというものができた場合に、実務教育もやれと。もしやらなくてはいけなくなれば、我々も勉強し直さなくてはいけませんが、それだけで我々がカバーできるかというと、やはりいろいろな点で無理がある。そこで、その規程ができましたけれども、まだ採用例はありません。

まだ具体的名前を挙げてある実務家を採用する、そういう人事委員会は発足しておりませんが、例を挙げるとすれば、法政大学の場合ロースクールで一つの目玉として、弁護士倫理というようなことを教える。法政大学の一つのセールスポイントとしてそういうことを考えた場合に、おそらく弁護士倫理を教えるとなれば、現在のスタッフでは訴訟法というこしとになると思うんですが、私は刑事訴訟法担当ですが、果たして弁護士倫理を二単位だとしても一コマ九〇分、半年間の講義ができるかといったら、やはりそれは無理だ。一つは、材料がないわけです。そういう点でどうしても実務家を採用して担当してもらわなくてはいけないパートがあるというのが一つです。

それからもう一つは、よその大学はよくわかりませんが、例えば私は法政大学で二四年間刑事訴訟法しか教えておりません。実体法は教えた経験がありません。よそはそういう実体法、訴訟法を輪番でやるという大学もあるようですが、私の見ているところでは、どちらかというと実体法ばかり、訴訟法の人は訴訟法ばかり教えているという法学

部の方が多いような印象を受けております。実際の実務では、実体法と訴訟法が絡んでくる場面が多いんではないかと思うんです。そういうことからいっても、やはり実務の経験のある人が担当しなくてはいけないパートがあるということです。

塚原 慶應義塾大学のシンポジウムの記録が別途出ておりますが、要件事実教育を一年次に行うということを提案されているようですが、それは誰が行うのか。かつなぜ一年次で最終学年ではないのか。この点はいかがでしょうか。

霞 私どもは、七月一五日にシンポジウムを行いまして、そのときに配付した資料を今日も受付に置かせていただいております。私がくどくどとそれを申し上げるよりは、その冊子の二三頁と四一頁をお読みいただければ、むしろより良き回答が得られるのではないかという気がします。この冊子でもって作りました大学院のカリキュラムの一つのモデルも示させていただいておりますが、そこでは、全体を四セメスタに分け、各科目を配置しており、確かに今のご質問のように、第一セメスタに要件事実論が置かれておりますが、その理由は、先に挙げた冊子二三頁中に明しになりますが、繰り返言されておりますし、まさにその骨子は、文中の「民法の教育は、要件事実教育そのものといえる」との文言に象徴されているように思われます。

塚原 慶應義塾大学には、数的に多いとはいえませんが、幸いに実務家としての経験を経て、専任教員になった助教授・教授もおりますし、また将来に向かっての適材適所を考えた人事計画の中で、採用した方がその任を負っていただくと考えております。

和田 九州大学では既に地元弁護士会との共同で、学者と実務家が教育に当たる講座の新設を申請中だと伺っていますが、これは将来ロースクールでのシミュレーションとかクリニックに発展させるというおつもりなのかどうか、いかがでしょう。

九州大学では、理論あるいは実務というふうに区別する二分法だけではなく、OJTなど実務技法を有効に身につけていくための基礎をなす実務理論の基礎理論についてはロースクールでやるべきだと考えておりまして、そういう含みのもとに、既に本年度から福岡県弁護士会の協力を得まして、連携講座という形で民事、刑事の両面で弁護士さんに来ていただいて、本学の教官と共同で授業をやるというようないるように思われます。

ことを既に試みております。さらに、基礎法学の専攻の中に、紛争処理論とかリーガルプロフェッションを担当する講座がございますので、そこで、さらにロースクールを睨んだ実務技法教育のための連携講座を申請しているところです。しかし、これはあくまでも一例でございまして、当初より九州大学では、法曹養成の問題というのは一人大学だけが責任を負うべきものでも、また負えるものでもなく、法曹三者、とりわけ弁護士会に積極的にこの問題に関わっていただくことが成功させるためには不可欠であると考えました。また弁護士会にとっては後継者養成に関わることは責務でもあると言えるのではないかと考えております。そういう視点から、現在、九州大学と福岡県弁護士会と共同で、具体的にロースクールをどういうふうにしていくのかについて詰めをしている最中でございます。

我々と弁護士会で共同で案を出そうということになっておりますけれども、最終的に法科大学院がどのような形に落ち着いてもカリキュラムについては予め考えておくべきだろう。そこで例えば、先ほど申し上げましたような実務技法の基礎になるクライアントとの面談技術ですとか、あるいは契約交渉や紛争交渉などの交渉に関する技術ですとか、そのような科目については実務家の弁護士の教員に来ていただいて、さらに我々が一緒になってカリキュラムを作っていくということになっています。

先ほど、髙木さんから大学教育に対して非常に厳しいご批判があったわけですけれども、私見を申し上げますと、その批判は真っ当なものだと思っております。大学のこれまでの教育とは全く違う形の試みを法科大学院の教育ということで我々自身が脱皮して考えていかないといけない。同時に弁護士、実務家の方たちに大学に来ていただいて教育していただくとしても、そのままだ大学に来てやっていただくというのでは、ノウハウも全くないでしょう。だからこそ、研究者と実務家が協力して今までにない新しいものをつくり上げていくんだ、そういう積極的な前向きな姿勢が必要だと思うわけです。とにかく具体的に実際にどういう形でカリキュラムを作っていけるのか。弁護士の持っている実践的な知恵と、それから我々の側の知見、例えば、面談技術とか交渉論について考えていくことが必要ではないのかと。今までにない教育をつくっていくことが可能であり、必要ではないかと。そのためにこそそれぞれの大学とそれぞれの弁護士会が協力して積極的に前向きに考えていくことが必要ではないのかと。福岡はまずその第一歩を踏み出したところでございます。

塚原 明治学院大学はかなり本格的なクリニックの設置を提言されているんですけれども、明治学院大学の吉野一さん、フロアから恐縮ですが、その点についてご説明いただけますでしょうか。実務家教員の確保を初めとして、どういうことが実現できるというふうにお考えなのかどうか、本当にそういうふうにお考えなのかどうか。それとの関連で、大阪弁護士会の会員でもある龍谷大学の水野武

夫さんにもご発言いただければと思います。

吉野 今いろいろ議論されていることで一番関連して申し上げたいのは、まず法科大学院で実務教育を基本的にやれるようにすべきであるということが、これが大前提でございます。今日配られました「各種法科大学院構想の比較」という表（本書収録資料5）を見ますと、ほとんど大多数の大学の方々が、実務は司法研修所でというような発想で大体書かれているわけです。しかし、生の事件を扱いますので、生の実務に触れるということが非常に教育効果がありますので、法科大学院で少なくとも弁護士実務修習は正式に公的なものとして認めるべきではないかと考えています。

司法研修所でも実務修習で非常に修習生が成長されると実務修習の前と後では顔つきが変わるというふうに言われているそうです。米国でもロースクールで、ジュディケア・クリニックにおいて資格が与えられて、弁護士としての、あるいは法律家としての役割を実際に演ずることができるというふうになっていて、非常に教育効果が上がっているわけです。ですから、わが国においても、米国でできることが今はできないはずがないと思います。これを言いますと、米国でできて実務を法科大学院でやることは無理だというご指摘が法務省関係のご返答によくあるんですけれども、米国でできることはやはり日本でもやるようにすべきではないかと思います。時代は、米国の優秀な法曹に対抗する法曹を日本もたくさ

ん多様に生み出すことを要請しているのではないか。結局、米国などのロースクール問題がこんなに急激に出てきたのは、日本が非常に法的サービスの面で欠けている点があるということに気が付かれたからだと思います。ですから、そういう意味で、裁判官修習、検察官修習は別として、弁護士修習はやはり法科大学院でやるべきだということです。

さて、これをどう実現するかということですけれども、それは今おっしゃったように、弁護士会や弁護士の方々と協力する。大学にももちろん弁護士の方、裁判官出身の方々を大量に採用することが一方では、もう一方では弁護士会の方々と協力する。特にエクスターンシップで弁護士事務所や官庁、それから企業の法務部とか、広い意味での法曹の場面に学生を派遣して、そこでいろいろ実務修習をやることができるわけです。司法修習所の外でも弁護士実務修習はやることができますから、これはかなり実現性があるのではないか。これがやれれば法曹を飛躍的に増やしていくということも可能ではないかと考えます。

塚原 龍谷大学の水野さん、ご発言いただけますか。

水野 私は昨（一九九九）年四月から龍谷大学の特別任用教員ということで税法を担当しております。ノルマは週に二コマということで、月給は正規の先生の半分ぐらいいただきます。なぜ私が

呼ばれたのかということでありますけれども、大学院は、ご承知のように、税理士の試験が免除になるんですね。したがって、大学院に来るというのはかなりの数の税理士志望者がいます。そういう人に対してとりわけ税法の実務的な教育をするということで私が呼ばれたのではないかと思っております。

難しい高度な教育をしているわけではなくて、むしろ実践的な、とりわけ法律学としての税法という立場で納税者の権利を守るという立場で税法としてやってほしいと、そういう観点で教えているつもりです。私はあくまで弁護士が本業ですから週に一度行っていますが、大学というのは大体年間半分休みですから、それほど負担にはならないのです。そういう形であれば、実務家に本籍を置いたままその経験を生かして大学で教育をするということは十分可能なんです。ですから、実務家に本籍を置いてまずそういう形ではないかというのが一つの意見としていくべきではないかというのが一つの意見です。

もう一つは、私も大学にも多少籍を置いていくべきではないかというのが一つの意見です。

これまでもある程度両方の議論をずっと見てきているんですけれども、印象としては、弁護士会と大学とがそれぞれ別個に議論しているという印象が非常に強いんですね。先ほど九州大学の和田先生が報告されましたけれども、九州大学あるいは九州と福岡県弁護士会は非常に巧くやっておられる。私はこういう形であるべきだとかねがね思っておりました。これは大学だけでもできないし、もちろん弁護士会だけでもできないと思います。ですから、大学と弁護士会が従前の垣根

を取り払って、胸襟を開いて、それぞれの力を出し合って、理想的な法曹をつくり出すという究極の目的は同じなわけですから、さっき和田先生が報告されたような方向で議論を進めるべきではないかと、そういう印象を持っております。

宮澤 今の議論を聞いていて重要な点が一つ落ちているように思うんです。これは中坊さんが最初におっしゃったことですけれども、法律家としての社会的機能、それから公益的責任、これをどのように理解させるかという側面で考えてみても、やはりクリニックを初めとする臨床的な教育は、プロフェッショナルスクールである以上当然に行われなければいけないということなんです。これは必ずしも先端技術とか国際取引で活動する弁護士が当然知らなければならない自己の責任を理解するためには、自己の力で弁護士を雇うことができない人々のためにサービスを提供するということを、させなければいけないということに表れていたことであって、アメリカ・カナダ調査報告（注5）に表れていたことであって、アメリカ・カナダ調査報告（注5）にも見失われがちに思いますので、強調しておきたいと思います。

もう一点ですが、実務家が大学に参加するという場合に、それを何か特殊なもののように遠ざけておいてはいけない。実務家が参加することによって学者の議論そのものが影響を受けるわけです。正規の教授会のメンバーとして扱うことに

よって大学の議論そのものが影響を受ける。そして理論家も実務を研究するようになるということが期待できるわけです。私自身の話で恐縮ですが、私はニューヨーク大学で教えるときには、日本法を教えているわけではないのでありまして、比較公益弁護士論という弁護士論をやっているわけです。そこでどうやるか。私は全然実務をやっておりませんけれどもこのようにあってほしいという議論をぶつけるわけです。毎回様々なタイプの公益弁護士団体から実務家を派遣してもらうわけです。学生の前で丁々発止議論をする。学生も議論に加わることによって多様な公益弁護のあり方というものを在学中から考えることができるようになる。そして公益弁護士活動をやろうというインスピレーションを受けるわけなんです。そういうこともプロフェッショナルスクールにおいてクリニックをやるということの大きな意義なんだということをどなたもおっしゃらないので、是非強調しておきたいと思います。

注5　七月二九日のシンポでは、冒頭にアメリカ・カナダにおけるロースクールの実態について、遠藤直哉（第二東京弁護士会）、由岐和広（東京弁護士会）の二本の報告がなされた。詳細は、日本弁護士連合会法曹養成制度に関するアメリカ・カナダ調査団『アメリカ・カナダにおけるロースクールの実践』（日弁連、二〇〇〇年一一月）にまとめられている。

上田　今の宮澤さんのお話の、特に前半部分に賛成です。リーガルクリニックの意義に関しては非常にいろんな側面がある。それは繰り返しませんが、わが国の場合、学生なり法科大学院生が法廷に立ったり弁護士活動をそのままやるということは法改正がない限りは難しいと思うんです。現行法の上でも可能ないくつかの試みに関しては、立命館の案にも割と詳しく書いてありますので、是非参考にしていただきたい。それだけを申し上げておきます。

宮澤　検討会議は、学生時代から一定基準を満たせばライブ・クライアントの相手をすることができるのだという法改正を是非提案すべきだと思います。検討会議にそれができなければ審議会がそうすべきだと私は確信しております。

霞　ちょっと私は異論がありますので一言言わせてください。法科大学院の役目というのは、もちろん実務を知り、実際の土台となるべき高度な基礎知識を教授することがまずあるべきかという基本的な感性も必要ですけれども、それに慣れさせることも必要かという基本的な感性と、法律家としてやっていく事だと思います。実務を強調されるご発言の趣旨はよくわかりますけれども、やはり今申し上げたものの上に立ってさらに実務の一端への経験も得られたらよかろう、それが私の個人的な見解であります。

宮澤　誤解があるようなので申し上げますけれども、リーガ

6 設置数・定員

塚原 実務家教員の確保というのはたいへん大きな問題で、それぞれどの程度の数の教員が必要だと考えておられるのか、それは次の論点との絡みになってきます。設置の手続というのは、大きな議論になっているところでありますけれども、審議会の「基本的考え方」では、「関係者の自発的創意を基本にしつつ、全国的に適正な配置となるように」ということになっているわけで、各大学の構想を見ても、一定の設置基準によって自由申請で認めていくというのが大勢のように見えます。しかし、そうなると数が非常に増えて、実際には実務修習をするとなると修習もできないような者が出る。あるいは試験が本当に資格試験になるのか、どうしてそういう人たちが六割も七割も受かるということになるのか

ル・クリニックというのは別に実務そのものを教えるとか、テクニックを教えるものではないと思うんです。理論教育をどういった形で完結させるかという課題だと思いますし、それから法曹として公的な責任を担って、法曹倫理を身に付けて、依頼者、クライアントにどういうふうに対応して責任を果たしていくかという、そういった基本的な考え方を教えるということだと思うんです。そういった点では基礎を教えるのであって、それが法科大学院の課題にふさわしくないとは思いません。

いう問題も出てくるように思うのです。
　名古屋大学にお聞きしますが、名古屋大学の案だと、全国的な総数、総定員を何か調整をするような機関が想定されているようにも読めるんですが、これはどう理解をしたらいいんでしょうか。

浜田 まず最初に、審議会が「関係者の自発的創意を基本にしつつ、全国的に適正な配置となるように」という方針を出されたことを歓迎したいと思います。
　もっともご指摘のとおり、そうなると法科大学院が多く出来過ぎて困るのではないかという問題にぶつかることにもなりかねません。法曹養成にはどうしても時間がかかりますので、将来の法曹の数の、いわば見込み生産量を調整するような何らかの緩やかな装置は国家レベルで考えておかなければならないのではないか。そこで、名古屋では、この点についても次のような検討をいたしました。
　一つには、設置基準の内容が問題になります。設置希望が少なければ、高レベルを要求することは難しくなるかもしれませんが、設置熱が高まっているのであれば、理想の教育をするには何が必要かということを考えながら基準を設定することができます。数値基準を例にとりますと、法科大学院の適正規模を勘案して、学生数と教官数の比率を一定数以上に適正規模を勘案して、学生数と教官数の比率を一定数以上にするといった基準は、安易に現実に妥協するようなことのない数値として決めておくべきではないかと思います。

それから、数値基準だけはなかなか決まらないさまざまな問題があるわけですから、それらの点については、やはり法科大学院自身を第三者的な立場から評価するという機関がどうしても必要になるでしょう。その場合には、例えば弁護士会とか法曹の方々などにもいろいろな形で評価する側でコミットしていただくことになると思いますけれども、そういった第三者評価機関が、設置についての認定作業をも担うことになるのではないか。あるいは、学生数を増やしたらどうか、余り教育の成果が上がっていないようだから学生数をもう少し減らしたらどうだとか、そういう勧告もできるものとする、というような仕組みも考えざるを得ないのではないか、といった議論をいたしました。

ただ、私どもとして申し上げたいのは、「おたくの法科大学院の定員は何名です」といった形の割り当てをされますと、入学試験を行って、応募した学生の状況を見ながら今年度はこのぐらい採ろうかというような自主的な判断が全くできなくなってしまいます。あるいは卒業生の動向を見ながら、もう少し増やしても問題ないとか、もっと減らすべきだとかいう、そういう自主的判断もできなくなってしまいます。ですから、定員数を厳格に国家で管理するというのではなくて、全国的調整によって各法科大学院の学生数の上限を定めるだけで、それぞれの法科大学院が自主的にその時点時点で入学させる学生数を判断できるような仕組みにしていただきたい、というようなことも話し合ったことでした。

塚原　設置の規模の問題というのもいろいろな議論が出ていますけれども、大阪市立大学はその点について、どのようにお考えでしょうか。

高田　大阪市大は、まず一つは、限られた大学に少数の法科大学院を、しかも学生定員が二〇〇、三〇〇という大規模の法科大学院をつくるという、いわば独占型、あるいは寡占型の法科大学院ではだめだというふうに考えております。法曹養成の基本理念であるプロセスとしての法曹養成ということを本気で考えるのだったら、やはり大規模大学院ではだめだと思うわけです。私は、多様な地域と多様な大学を基盤にした法曹養成のシステムというものを作ることが日本の司法を底上げすることになると思います。

そのためには、多様な地域と多様な設置主体を背景とする個性的な法科大学院を多数つくるということが大事であって、だとすると、定員が三〇、四〇、五〇程度の小規模な法科大学院の設置というものが要求されるわけでして、それこそが法曹養成制度改革の基本となるべきだというふうにも思っています。実質論としてもプロセスを重視したきめ細かい法曹養成というものを実現しようとすれば、やはり定員が三〇、四〇、五〇人ぐらいの小規模の法科大学院を基本とすべきだと思うんです。学生が教員と相互の

やり取りの中で、法的な知識と法的思考と法曹倫理というものを修得するということが重要ですので、そういうインタラクティブ（双方向的）な反復教育というのは小規模の法科大学院でこそ可能になるだろうと思います。マスプロ教育といいますか、大教室の講義と、それから小クラスに分けた、しかし金太郎飴的なそういう大規模法科大学院での法曹養成教育ではやはり不十分なものにしかならないと思います。もちろん大学の特殊性とか規模もありますから、例外的に五〇人の規模を超える法科大学院があってもいいかもしれませんけれども、私は、その場合でもやはり上限は一〇〇人ぐらいにすべきではないかと考えています。司法試験の合格者の実績とか大学経営の論理とか、そういうことで二〇〇、三〇〇の定員を要求するというのは、やはりあるべき法曹養成の制度化に向けてはそれをねじ曲げるものでしかならないというふうに考えております。

7 地域配置

塚原 大規模校には後でご反論いただこうと思います。岡山大学にお伺いしますが、地方に法科大学院をつくった場合に、そもそも実務家教員というのは確保できるのかどうか。あるいはまた地方で司法試験に合格しても、結局東京や大阪で開業することも可能だし、逆に東京や大阪で合格しても地方で開業することは可能なのだから、地方にロースクールをつくっても、過疎問題あるいは地方分散といったような問題の解決にはならないのではないかという意見もありますが、その点どのようにお考えでしょうか。

石島 岡山大学は、昨年一〇月に「地方における法学教育の新しい展開」をテーマにシンポジウムをいたしましたが、そこでの主張は、まさに地方に法科大学院（ロースクール）を設置すべきだという主張であったわけです。司法制度改革の大きなスローガンは、国民により利用しやすい司法の実現ということです。それを踏まえた上で、さらに国民が等しく利用できる司法の実現でなければならないという立場でした。メディカル・サービスと同様、リーガル・サービスも国民が等しく享受できるものでなければならないということであります。最近は、国民生活上の医師と言われて、この国民生活上の医師である法曹が、国民均等にリーガル・サービスを提供し得るような実態あるいは制度を作ることが何よりも大事だという発想であったわけです。

そこで、司法制度改革審議会におきましても、全国的に適正な配置の必要性を説いておりますが、残念ながら大規模大学、あるいは都市で養成すれば地方へも行くでしょうから、敢えて地方でつくる必要がないというようなご意見を散見いたしまして、非常に残念に思っているところであります。

そこで我々と、北は新潟大学、それから金沢大学、南は琉球大学、それから鹿児島大学を含めて、一〇校が集まりまし

て、法曹養成に限らず地方が目指すべき法学教育のあり方、研究のあり方について、研究会を二度行っております。ロースクールの構想だとか学部の教育の問題など、細かい点で必ずしも意見が一致しない点もありましたが、地方における法学教育の重要性については意見を一にしているところであります。

そこで、地方における設置が過疎化の解消になるかということですが、地方というのはどういう意味づけをしているかと言いますと、地域に密着した法律家の養成ということ。それから地域拠点大学としての法科大学院の社会的な機能という二つの柱からこれを主張しているわけでありまして、過疎化の問題については、既に久保井日弁連会長のご挨拶にありましたように、医学部等で成功している。法曹も同じように実務と理論が融合するという形で、大学と地方の医師会、法律については弁護士会ですが、助け合って理論と実務を融合させ、質の良いリーガル・サービスを地域に提供するということが必要であって、それは例えばわかりやすい例ですが岡山弁護士会の三分の一強は岡山大学法学部の出身でありまして、地元定着率は高いのではないかと考えております。法学部をもたない地域に弁護士は少ない。

したがいまして、地域に法曹養成機関を置かなくてもいいというような考え方は、Uターンをした人たちだけに司法を任せればいいじゃないかという現状維持の考え方でありまして、承伏しがたいということであります。しかし、今日のこ

れまでの話でその点は認められているようで、感謝いたしたいと思います。

実務家の確保については、今まで話がありましたように、日弁連の協力を得ることができれば大丈夫だと考えております。

塚原 フロアーの鹿児島大学の指宿信さん、この点についていかがでしょう。

指宿 私の意見では、現在の法科大学院の構想では法曹一元を数量的に実現するということは非常に困難ではないかと考えます。

それから二番目に、弁護士偏在の解消を目指すことも同時に不十分ではないかと、地方の立場から考えている次第です。私どもは、二週間前に、「地域における法の担い手」というシンポジウムを鹿児島で開催しましたが、その際に、かなり法社会学的な観点からこの問題を分析しました。例えば、卑近な例で恐縮ですけれども、鹿児島地裁の場合ですと裁判官は二〇名いますが、弁護士は七〇名です。この数では倍したところで、法曹の中で供給していくということは非常に困難です。おそらく裁判官を地方で一〇倍から二〇倍ぐらいの法曹がいないと裁判官を集めることは不可能だと私たちは考えております。

そういう点からしますと、七〇名を四〇〇名近くに鹿児島

8 法科大学院の規模

塚原 大規模ロースクールの側で何かご意見ありますか。では中央大学、お願いします。

永井 先ほど、大規模ロースクールは直ちにマスプロ授業という批判がありましたが、そういう考え方は必ずしも正しいものではない。その中で少人数教育を行うということだって

で増やさなければいけない。このペースで増やすということは、現在の日本の弁護士の数を相当増やさないと、おそらく鹿児島だけでなく日本中の地域で法曹一元を実現するのは無理だと我々は考えています。

二番目の弁護士偏在の問題ですけれども、今の岡山大学の意見と重なりますが、例えば我々が調べたところ、現在の全弁護士会の半数で地元の大学の出身者がいません。さらに我々が調べたところでは、九州高裁管内で弁護士が減っている単位会があります。大分と佐賀と長崎です。これはいずれも法学部が地元にないんです。このような実情で仮に法科大学院が提案されているような数で設置されたとしても、弁護士偏在の解消を実現することはできないんではないか。やはり医師養成にも近い、地域や地方に根ざした法曹養成システムを構築しないといけないのではないかと我々は考えている次第です。

あり得るわけで、イコールにとらえるというのには疑問がある。先ほど宮澤先生も大分私どもの批判を含めておっしゃってましたけれども、多様な、例えば生物の学士を持ったものまで入れるんだと。いろんな学部を出た者を入れるんだと。しかし、そういった場合に非常に少ない二〇～三〇人の規模でそういった多様性が本当に生きてくるのか。多様な学生がある程度の人数いて、それらがまた混在をする中で本来のメリットが生きてくるんではないか。余り小規模だったら、一人、二人いても、そんなものはほとんど意味を持たなくなるということから言っても、ある程度の多様な学生を受け入れるということは、ある程度の規模がなければ、それらが相互に感化し合って一皮むけていくそういったような教育効果というのは出てこないかと思っております。

田口 大規模ということで中央の意見と近いわけですが、早稲田からも一言申し上げたいのです。前半部分は、今おっしゃったように、大規模という言葉によって教育が薄くなるという点については今のご指摘のような形で、おそらくクラス制が採用されますので、マスプロということにはおそらくならないだろう。これは弁護的な釈明ですけれども、これが一つあります。

もっと本質的なことは、先ほどの議論にもありますように、

学部から上がってくる学生がどのぐらいかということは必しもはっきりしないわけですが、かなり多様な出身の者が集まってくるだろうということで、構成的な多様性は維持されるということがあります。それからもう少し現実的な話でありますと、過去の司法試験の合格者数とかというようなことを持ち出すことはよろしくないというご指摘がありましたが、例えば私どもでも、何もそれを持ち出して過去の実績を維持しようということで理論構成するつもりは全くないわけでして、そこを誤解していただきたくないのです。そうではなくて、やはり現ある教員の数であるとか教育設備であるとか、そういったものをベースにして、教育能力の問題とか、あるいは教育設備の整ったところからロースクールをつくるというのが自然な移行の仕方であろうということです。将来展望はわかりませんが、将来全国に適正配置ということが実現されるのは当然いいことだと思います。これに対して、現在のスタートラインのところで、先ほど高田さんからもご指摘がありましたけれども、全国に三〇〜四〇名定員のロースクールをたくさんつくるという意見があります。しかし、上限は一〇〇だという形で、現在ある大学なり大学院なりのシステムを前提にしないで制度設計するとちょっと無理が生ずるのではないかという印象を受けております。将来展望の問題と、現実に我々がスタートしなければならない制度設計の問題とは少し次元の違いがあるかなと、こういう印象を受けますので、一言発言させていただきました。

和田 中規模校の九州大学から発言します。今のお話にありましたように、九州大学の場合で、現在法学部の定員が二七〇人ですけれども、本当にきめの細かい法科大学院教育をやろうと思えば五〇人ぐらい、あるいは多くても一〇〇人ぐらいが限度ではないかと、考えております。今、ちょっと全体的な設置数などのお話が出ましたので、私の普段考えていることをお話させていただきたいのですが、日本に九〇余り法学部がありますけれども、そのうち例えば五〇校がロースクールを設置したとします。シンポジウムをやっている大学でもそこまで数は行ってないわけです。早稲田などですと二〇〇人とか三〇〇人ということはあり得るんでしょうけれども、例えば九州などでも一〇〇人ぐらいが限度としますと、おそらく全体としての平均定員は五〇人から一〇〇人の間になるんではないか。五〇校が設置したとしても三〇〇〇人ぐらいの総定員しかつくれないんです。だから、自由に設置しないとむしろかなりの数の設置を認めないと、本当の意味で法曹を増やすということにはならないと考えています。そうすると、大規模と小規模の間でいろんな学生の刺激の云々ということはあるのかもしれませんけれども、しかし、やはりそのデメリットを見ても、なお地方にロースクールを設置していくことの必要性とメリットというものは非常に大きなものがあると私は思っております。もちろんニー

は都会に圧倒的にあるわけですから、地方につくってっても、大都市に集中して登録する傾向は否めないことですけれども、それでも地元定着率は高まるだろうということが重要です。

それともう一つ、現在の日本のリーガル・ニーズの分布なり在り方なりというものを前提にして、それに合わせる形でロースクールをつくってってはいけないのではないかということです。我々が考えるべきは、日本の今後の法化社会のあり方です。現在ニーズがそこにあるからそこにロースクールを集中させて、弁護士がそこに集まる形でいいんだというのではなくて、そうでない地域にも適正にロースクールを配置して、そこに弁護士が定着する形を促進すべきです。リーガル・ニーズというのは普通の商品に対するニーズと違いまして、弁護士がそこにいれば、それによって開発されていく、掘り起こされていく、つくり上げられていく、新しいリーガル・ニーズがそこにできていると思うんです。そういうふうにしてはじめて日本の社会全体の中に法ないしリーガル・サービスが適正な形でしみこんでいくということになると思うんです。

したがいまして、地方には小規模のデメリットがあるかもしれませんが、それでもなお差し当たり小規模でも構わないから、ロースクールを設置すべきだし、それによって全国の適正なリーガル・サービスの浸透ということを考えていくべきだと思っております。

9 司法試験との関係

塚原 まだいろいろご意見があると思うのですが、先の論点に進ませていただきます。たいへん長時間になってお疲れだと思いますが、もうしばらくでめどを付けたいと思います。

司法試験の問題について触れないと意味がないではないかという意見が、会場からも何通か来ておりまして、その問題について入ろうかと思います。ロースクール構想の出発点の一つは、現行制度では、一発勝負の司法試験に合格しさえすればよく、その基礎に総合的な法学の学習を終えることが要求されてないということで、予備校法学しか知らない正解志向、マニュアル志向の合格者が増えて法曹の質が低下している、こういう議論があったわけです。逆に、まさに一発勝負の現行制度こそが公平、開放、多様という理念に応えるものだという強い意見があるわけで、弁護士の間だけではなくて社会的にも強いものがあるわけで、審議会でも吉岡初子委員などそういう意見を述べられているわけです。この問題について名古屋大学はどのようにお考えでしょうか。

浜田 司法試験の改革こそが今回のロースクール構想の眼目であるということは、今日も冒頭に、中坊さんもおっしゃいましたところですけれども、私どもの方からも声を大にして言いたいところです。公平、開放、多様を重視するというこ

とであれば、現在のまま、という声があることは承知しております。それからまたこのシンポにおいても髙木さんの方から、大学は今まで何をしていたのだと叱られましたし、総懺悔から始めなければ改革につながらないのではないかというご指摘は、重く受け止めたいと思います。

ただ、髙木さんも、「日弁連は、最近は少し変わってきているようである」とおっしゃいましたが、おそらく、大学も最近は少し変わってきているといえるのではないかと、私どもは思っております。大学はこの間いろいろな教育改革、あるいは大学院改革などに取り組んできた。それにもかかわらず、やっぱりどうにもならない壁がある。それが司法試験である、というのが、我々現場にいる者の率直な感想でございます。

ご年輩の弁護士の先生方の中には、ご自分の大学時代の昔の記憶を思い出して、大学が熱心に教育すればそれですむはずだと考えられる方もあると思います。ところが、最近は本当に皆、すべて合目的的になってしまいました。合目的的なシステムが出来上がってきた結果、司法試験制度の現行の問題点が、一層クローズアップされてきたということではないかと思います。

現行制度は、確かに公平、開放、多様であるかもしれない。というよりも、公平、開放、多様であるという目的を達成しやすくするために、ほかのものを犠牲にしている仕組みではないかとさえ思われるほどです。つまり、法的基礎知識の有

無を測定するための一発勝負の試験の得点によって勝敗を分ける仕組みは、客観的に公平、公正に運用しやすいのが特徴です。しかし、今問われているようになってきているのは、そこで高い点数をとった者、あるいはそこで高い点数をとるだけに全エネルギーを集中して青春の何年かを過ごした者が、本当に良い法曹なのか、ということです。現行司法試験は、良い法曹として活躍できる資質や素養、多面的な専門的能力を見極める、あるいはそれを育てる、ということに本当に役立っているのかどうか、ここが問われるようになってきています。

良い法曹として活躍できる資質や素養、多面的な専門能力を見極めることは難しい。そもそも、人が人をおおっぴらに評価することは、実は非常に難しいことであり、日本人が苦手とするところではないかというように私どもは思っております。ですから、この、人が人を評価する、しかも法曹を目指す者として本当に優れているかどうかを総合的な観点から評価するということの難しさに、我々が正面から取り組むとなくしては、法曹養成制度の改革にはつながらないのではないか。そのためには、プロセスとしての選抜システム、教育システム、評価システム、研修システムというものを備えた総合的な法曹養成制度を総合的に設計し直すことが必要ではないか。それとともに、そのようなシステム全体を貫くものとして、公平であること、開放性があること、多様性があることをもう一度、より高次のレベルで理念として掲げたときに

一体どのようなシステムになるのかということを、私どもは真剣に議論してきたつもりです。

塚原 ここは議論をまたいろいろしなければいけない点ですが、もう一つ、現行制度の方が好ましいと考えられる理由として、費用がかからないという点が挙げられるかと思います。これはまた私立の抱える大きな問題になると思いますけれども、国立も最近高いですけれども、私立のロースクールの授業料が非常に高額になるんじゃないかという試算があるようですけれども、この点例えば早稲田はどのようにお考えでしょうか。

田口 結論的にはこれはまだ十分な検討ができてないということを言わざるを得ないのですが、ただ、前提として今までの四年間の法学部による法学教育というのは安かった、いわば安過ぎたのかなと思います。現在求められている、今、「良い法曹」という言葉をお使いになりましたけれども、良い法曹を育てるためには法科大学院をつくってやりましょうという話なんですが、これにはお金がかかるということは当然だろうというのが話の前提です。

問題は、それが授業料にはね返って学生の負担になるのかということなんですけれども、この点については単純に学生に負担させますと何百万というお金におそらくなるだろうと。それを到底彼らには負担させるわけにはいかないという

ことですから、アメリカ等でいろんな制度があるようですけれども、奨学金制度なりローン制度なり、いろんな制度を考えていく必要がある。さらに、さき程の議論にもありましたように、社会人なり多様な人材を受け入れるということになりますと、単なる授業料以外のいろんな支援をしていかないと多様な人材を受け入れることにはならないと思います。

したがいまして、ロースクールを発車させるについては、国の方での財政支援は不可欠であって、それのないロースクールということは考えられないし、国立と私立と授業料が違ってもよろしいというわけにもいかないでしょうし、そういう経済的な前提条件が備わった上での話であるということは当然ではないかなと、思っております。

宮澤 今のお話の続きなんですが、現在の制度が公平で開放的で多様で、しかも費用が安いなんてばかなことはないということを、まず皆さんに認識していただきたいと思うわけです。公平ではありませんよね。なぜ北海道や九州の司法試験を受験しようとする人が東京の予備校に通わなければいけないのですか。これは公平でも何でもないことですよね。

それから、開放的だと言われますけれども、今までの仕事を辞めて司法試験の予備校に通うことができる、そういう人しか現在は受けることができないわけです。これも全然開放的ではありません。

それから、多様だと言うんですけれども、これも全く私は

誤りだと思います。慶應義塾大学のシンポジウムで、有名な受験予備校の伊藤塾の伊藤真さんは、自分のところの学生は四割が社会人だと言ったわけですけれども、同じシンポジウムで法務省の房村精一さんは、司法研修所では一割しか他学部出身者はいないのだと言ったわけなんです。簡単に言うと、予備校は幻想で商売しているわけです。そのことを我々は理解しなければいけない。予備校で費用がかからないわけではないのです。はじめに相当な授業料を払って、その後も、模擬試験その他にそのつど料金を払いながらやっていくのが一般的でしょう。その間に受けている教育は何かというと、六法だけの、司法試験科目の受験技術なのでありまして、学問をしているわけでは全然ないわけなんです。それから、社会人経験でありますとか、それから他の学問の経験というのは、そこでの教育内容に反映されているわけでもありません。そのこと自体が司法試験の合否の判定において考慮されているわけでも全然ないわけなんです。こういう制度を理想的な存在であるかのように語ること自体が、私は、全く事実に反していると考えているわけです。

それによって被害を受けているのは一体だれか考えてみると、直接的にはそういう制度で勉強することを余儀なくされている司法試験受験生、彼らそれ自身です。数年棒に振って、そして多大なお金をかけて受けている教育は何かというと、他の先進国の法曹養成制度であればはるかに優れた教育を受けているにもかかわらず、非常に貧弱な教育しか受けられな

い、そういう国際的なギャップがあるということを認めなければいけない。

そういうふうに考えますと、現在の制度は一見良いように見えるけれども、実は受験生に対して非常に大きな損失を課しているのだと、いうことになります。

それからもう一つは、消費者に対して何よりも大きな損失を与えている。一般の人々は現行制度の実態を知りませんから、諸外国の法曹養成制度も同じようなものであろうと考えているかもしれませんけど、実はそうでもないので、数年にわたって教育を受けて初めて法律家と名乗ることができるというのが普通の制度なのであります。つまり、日本では学問を背景としない法曹養成制度になっているということを、一般国民は正しく認識しなければいけないと思います。

10 実務修習

塚原 刺激的な発言だったので、また会場からも話が出るかと思いますが、パネリストの皆さんもかなりお疲れかと思いますので、もう少し司法試験と実務修習の問題をやったところで区切りをつけさせていただきたいと思います。いろいろご質問、ご意見等をいただいておりますが、流れとうまく合わない部分等がありました。第2の部で若干の時間をお取りしたいと思っておりますので、そちらに回させていただきます。

実務修習について、先ほど司法研修所を前提にしていろいろご意見がございましたけれども、司法試験合格者の数がなぜか六割とか七割とか八割とか想定されている。研修所の収容能力で合格者を制限するという構想はないようですけれども、研修所を廃止するという構想も、パネリストの中でははっきりしたものはない。ないわけではないようですが、実務修習について一体どのように考えているのかということを順次伺っていこうと思います。

北海道大学案は、「高裁所在地に研修所を設置してほしい」という。これは確かに大学側で決められないから、希望ということになるんでしょうけれども、いずれにしても研修所の総定員がやはり司法試験の入学試験化を招き、そこで数というものが自動的に限られてくる。そうなるとロースクールを出れば司法試験に何割受かるということは全然いえないのではないかと思うんですが、この点いかがでしょうか。

吉田 私どもは、全体の法曹養成の在り方としては司法研修所を残してということで考えているのですけれども、その場合の最大の問題は、法曹人口論が司法研修所の容量によって規定されていくということだろうと思います。ですから、私どもの考えは、そのような問題が可能な限り少なくなるように構想を出したわけであります。司法研修所の分散設置案というのはそのようなアイディアなわけです。もちろん、分散設置するだけでは別に容量問題は解決しないわけですが、で

きる限り場所の問題などについて柔軟に考える。具体的には司法研修所の施設などを使っていただく。あるいは、司法研修所の教官についてはもちろん地元の弁護士会の方の協力ということを考えることによって、最大限容量問題をなくしていこうと、そういう発想であるわけです。もちろん教材の点での統一性だとか、あるいは教官の研修については中央でやる必要があるとか、非効率的なところもあるかもしれません。しかし、そのような分散体制をとることによって、とりわけロースクール教育との有機的な連関が確保されていくでしょうし、そういうメリットも大きいだろうと思っております。

ただ、一点だけ付け加えますと、この前、和光市にある司法研修所を見させていただきました。その印象ですが、現在の大学よりも設備的には現在の司法研修所の方がかなり良いと思いました。それは言い換えれば、ロースクールをつくっていく場合に設備の問題、教室の設備についてももっと真剣に考えていきませんと、今申し上げた構想自体も必ずしも現実的でなくなるということだろうと思います。

塚原 九州大学は、この実務修習についてはどのように考えているんでしょうか。

和田 これにつきましては、九州大学案の中では非常に微妙な言い方をしているわけですけれども、まず現実問題として法曹人口というものができて、そこでかなりの数の法曹が法科大学院というものができて、

輩出されることになりますと、現在の司法研修所は、設置形態においても、中身においても大幅に変わらざるを得ないでしょう。これは当然のことであります。特に設置形態については、キャパシティを増やさないとならないとすれば、地域的なバラエティを持たせることが合理的だと思います。また中身のいくつかをロースクールの中に吸収することができると思いますので、おそらくはOJTを中心にした、実務志向型の教育に専念していただくということでいいのではないかと思っております。問題は、その場合の設置主体が現在の司法研修所というままで横滑りするのか、あるいは新しい形の設置主体が生まれるのかということでございますけれども、九大案の中では司法研修所という言葉を使わず、さまざまな可能性を考慮し、「実務研修機関」という言葉を選択しております。むしろ正面から制度論を議論するよりも、より現実的なステップとして今何ができるのかということを考える方が重要だと考えております。

それで、ここでもまた九大での試みを紹介させていただきたいのですけれども、実は本年度から、司法修習が一年半に短縮されたのを受けまして、その後一年間、九州大学大学院で修習を終えたばかりの弁護士を対象とした新しいプログラムを作っております。これも福岡県弁護士会のご協力をいただきまして、大学と弁護士会が協力して、現行の司法修習修了後の事後修習の部分を何とかできないだろうかということ

とで始めているわけです。とにかくそういう形で一歩進めていくことが現実に法科大学院のやその後の実務修習が定着していくときに、弁護士会あるいは大学としてそこに発言していく上で重要な足がかりになると考えておりますが、面的にはあまり明確には意見を述べていないわけですけれども、しかし現実的なステップとしては、その後の実務修習そのものの多様な在り方というものをにらみながら現実にそういう試みをしているところであります。

塚原 名古屋大学は、弁護士補という構想が出されていますが、研修所を経由せずになる弁護士補とはどういうものか、実務修習なのか実際に仕事をするのか。研修所を出ずにそれだけの能力を付けられるとお考えなんでしょうか。

浜田 名古屋大学では弁護士補というものを考えてみたわけですが、これは法科大学院を修了した者はまず就職をする、弁護士にはなれないけれども、弁護士に雇われて、弁護士の監督下でのみ法律実務を構想しますと、働きながら学ぶというプロセスを取り入れることができます。それを二年間ぐらい経験して、その間に新司法試験を受け、司法修習段階に進みことにしたらよいのではないか。このような考え方は、もともと第二東京弁護士会の方から

出されてましたので研修弁護士の制度に共感を覚える立場から構想したものですから、両者は非常に似ているのですが、司法修習を廃止することは前提にしていない点で、弁護士補構想は研修弁護士制度と異なります。司法修習はそれなりの役割をこれまで果たしてきているわけですから、期間は一年くらいに短縮するにしても、少なくとも当面残すということでいいのではないか。もっとも、司法修習機関として、これまでのように国家の責任で統一的に実施運営するのが一つだけというのがいいのか、それとも複数設置するのがよいのかという問題があることについては、名古屋大学でも議論しました。法科大学院の方もそれぞれ個性を持って競い合えということでございますが、司法修習機関の方も複数あって、それぞれ特色を出しながら中身の改革をするということもあり得るではないかと思われますが、いずれにしましても、こちらのような問題は、法務省や法曹三者を中心にいろいろご検討いただくことになるでしょう。しかし、少なくとも修習に先立つ前段階の新司法試験がどうなるのかということについて、私どもは法科大学院の立場からたいへん関心があります。新司法試験の中身も関心がありますし、その実施時期も関心があります。

例えば法科大学院の在学中に新司法試験があるということになりますと、学生の関心はそちらに向かってしまって、法科大学院の中でプロセスとして教育をすることのウエートが下がってしまうのではないか懸念されます。そうであるとすれば、法科大学院のすべてのプロセスをすべて修了してから新司法試験を受ける、という方がよさそうですが、そうなりますと、新司法試験を受けて、合格発表を待って、めでたく修習を始めるまでの期間は何をしているのですか、ということになります。

そのような期間に、見習い的なことでしかないかもしれませんが、まず仕事をしてみたらどうか。報酬をもらいながら働くということがどういうことなのか、依頼者に対して誠実に法的サービスを提供するということはどういうことになか、先輩の驥尾（きび）に付しながら、直接に経験するということ、これが、最大のクリニックになるのではないかと考えた次第です。

それでは、それだけのことを法科大学院に任せられるレベルに到達できるだけの教育を法科大学院で本当にできるのかと問われれば、実務をすぐに担いうるかはともかくとして、見習いなり実務修習なりがすぐにできるぐらいまでの教育までは行うだけの覚悟で、みなさん取り組んでいるということだと思います。逆に言えば、実務修習を全部法科大学院に取り込んで行えれば、実務修習が少し誇大広告になりかねないのではないかと思いますが、実務修習がすぐにできるぐらいまでのところは、取り込んだ形で法科大学院が教育をする。このくらいで役割分担がいいのではないかと思います。

いずれにしましても、高木さんの方から最初に、勉学する側のことも考えて議論せよといわれました。本当に私どもは

受験生の立場にたって教育のプロセスを見ていく必要がありますが、その場合には、新司法試験をいつの段階でどのように受験することになるかということも、少し明らかに示していく必要があると思っております次第です。

塚原　東京大学は今の名古屋大学の考えについてはいかがでしょうか。

高橋　東京大学として名大案を検討する機会は全くありませんので、私個人の考えということになります。特に新司法試験をいつ実施するかというのは、各大学それぞれ悩んでいるところであり、私どもは二月三月かななどというふうに想定していましたが、それに対する一つのアイディアだろうと思います。積極的に今後検討していけばおもしろいのではないかと思います。

ただ、イメージがもう一つピンとこないところもあります。弁護士補を経てから、またその後ろに司法修習が入るということはどういうことなのか。全体として三年なら三年、今の言葉で言えば、司法修習的なものを三年に延ばすということに、ある面では、なるのかなという気もします。狙いがそこにあるわけではないというのは今のご発言でわかるのですが、実際の機能としてはそうなる要素もある。その辺をどう考えたらよいのか。また働きながら学ぶとおっしゃいまし

たが、学ぶということですが、弁護士補をやっていて、一週間に一回でもいいというのですが、法科大学院に戻ってくるというのもまた意味があるのですが、そのあたりのところも少しぼんやりとしておりますが、その辺は今後詰めていく過程で詰めていけばよろしいだろうと思いますので、アイディアとしてはたいへん感心して聞いたという次第であります。

宮澤　せっかく配付資料の中に紹介されていないものが一つあるので、それに絡めて一点追加的に申し上げたいと思うんですけれども、ロースクールをどのように設置するか、どの程度自由度があるべきか、あるいはどのような要件があるべきかということについて、既にABAの基準が柳田弁護士の手によって全訳されて資料に入っておりますので、是非それを参考にしていただきたい。

その次に、カリキュラムのある実務修習というものがはたして可能なのか、ここが今の議論では問題になっているわけですけれども、現にやっている国があるわけです。先ほど紹介のあったアッパーカナダを初めとするカナダの諸州、アッパーカナダというのはオンタリオ州のことで、ここは人口一二〇〇万人のところで毎年一二〇〇人の弁護士が生まれるというところですから、日本で言いましたら、毎年一万二〇〇〇人の弁護士が生まれていることになるわけです。これに対して弁護士会

塚原　パネリストの方には、当初想定いたしました七つの項目について、それぞれ発言を三分に制限した中で適切にお答えいただき、ありがとうございました。制約し過ぎた関係でまだ言い足りない、この点は補足をしたいというようなご意見がありましたら伺っておきたいと思いますが、いかがでしょう。

高田　一つだけ言わせていただきたいのですけれども、大阪市大はやはり、プロセスとしての法曹養成というものが実質化しなくてはいけないということでありまして、その ためにこそ理念としては小規模のロースクールであるべきだという考えです。大規模のロースクールの場合はやはり小規模のロースクールより様々な工夫が必要であって、理念としてはやはり小規模ロースクールが基本だろうと思います。そのために研修所の廃止の方向を主張して、各地域地域に全国に八つほど「司法研修センター」をつくって、それと小規模の複数の法科大学院がネットワークをつくるというか、そのネットワークが基本的には担い手となって、一つの完結した法曹養成機能というものを果たすという、そういう構想をやはり考えていくべきではないか。小規模のロースクールですから、東大だってもちろん京大だって定員は五〇名なんです。そういう構想である以上、大阪市大だって大阪市大の出身者に優先枠を認めるということは許されない。大阪市大が他の大学、他の学部の学生を法科大学院で指導するということでなければならない。そういういくつかの結論も出てまいります。とりあえず大阪市大の基本構想は簡単な比較表の中にありますので、是非お読みいただければと思います。

塚原　そのほかにはありますか。

霧島　いろいろな問題について議論が白熱して、具体的なさま

が実務修習を提供するという責任を負っているということなんです。ですから、どの弁護士事務所に行くかによってその質には大きな差が出てきます。これにどう対応するかということで実務修習のカリキュラムがあるのです。日本ではそこまでは行きません。先ほど議論があったように、自由な設立が認められても、とりあえず数千という規模であるということは、これは間違いないわけであります。であるとすると、カリキュラムのある実務修習を考えることができると私は思っています。そのために是非日弁連は、カナダの実務修習基準ですね、是非それを資料として日本語化し、そして勉強していただきたいと思います。カナダでは弁護士補あるいは研修弁護士を雇用した弁護士事務所は何をしなければいけないか、事細かなカリキュラムが決まっていて、それに従って弁護士補あるいは研修弁護士が給料をもらっているわけなんです。こういう制度が現にあるわけです。

ざまなご指摘がなされているときに、非常に青臭いことを一言だけ霞個人として述べさせてください。私は日本法制史が専門で、特に明治時代からの日本法近代化の過程や近代刑事裁判制度の変遷について勉強しているのですが、これまで研究をしていて切実に感じたことは、日本人一般の法や裁判とに対する意識と、法律専門職の人間のそれとの間にかなり「温度差」があるのでは、ということなんです。今回の司法制度改革の中で我々は、ロースクールはどうあるべきかということを考えなければいけない、そういう立場に置かれているわけですが、高邁な理論の修得とともに、今申し上げた「温度差」、つまり一般の人々が、裁判所の門をくぐり、弁護士事務所のドアをたたくことにどれほどの思いをしているのか、といったことに関しても、未来の法曹に、根本的に考えてみてもらう、そうした機会を与えることもまた、法科大学院の一つの役目のような気がするんです。さっき高木さんはいろいろ厳しいことをおっしゃいましたけれども、即戦力としての法律家を育てるということももちろん大事ですけれども、しかし一方、法科大学院教育の中で、実際に事件を依頼してくるクライアントの気持ちがどうなのか、そんなことにも目を向けるべき時間が設けられてもいいかと思います。

高木 お話を聞いていると、基盤としてどれぐらいの基盤が、さっき鹿児島大学の方がおっしゃられました七〇人と二〇人

の関係ですか、そんなことも含めて、これは審議会の方の責任でもありますし、文部省の検討会議の方でもご苦労なさっているんだろうと思いますが、とりあえず日本の法曹人口はどれぐらいの規模だと考えられているのか。漠然としたイメージはあるのかもしれません、ともかく大体五万人ぐらいだとか、そういうものがないままに議論していていているところがあるからしょうがないんでしょうが、そういう規模との関係で発想する仕組みのボリュームさらにボリュームの質の関係が当然行ったり来たりの関係であるんだろうと思いますが、そういう関係についてちょっとどうかなという感じで聞いていただきました。

それから当然法曹一元というのが将来展望されていくべきことだろうと私自身、思っておりまして、弁護士としての実務がまず第一義的な修習の目的といいますか、もちろん裁判所のことも検察のことも勉強されるのは当然と思いますけれども、そういう中で、今、法曹界を産業と例えたら怒られるかもしれませんが、法曹界全部で何千億の産業なんだろうかなとさっきから考えておりましたが、もう兆の大台の産業になっているのかな。大学の先生も広く含めてですが、先ほど慶應義塾大学の方がおっしゃった、やはり基盤をちょっと業だからやられていることも小さいみたいな印象がちょっとありまして、うまく言えませんけれども、もう少し産業として大きくなるためにどうするんだということが「大きな司法」論の根っこにあるんだろうと思います。そういう意味では、

11 しめくくり

塚原 ありがとうございました。今のマーケットの規模でいますと、司法予算が年間三〇〇〇億、弁護士の市場が年間四〇〇〇億、売上レベルでは大体そんなレベルです。

最後になって非常に重要な問題が出て、本当はこれもストレートに聞いた方がよかったかもしれませんが、法曹一元及び今本当に必要とされている法律家の数、本当はこれを議論しなければいけない問題ではあるんですが、その点について何かなければ、宮澤さんの発言で終わりにします。

宮澤 先ほどから議論されている、どの程度のロースクールがどの程度必要かという話ですけれども、これは、大規模ロースクールがあれば地方に中小ロースクールはいらないとか、あるいは地方に中小ロースクールができるから大規模ロースクールを抑制すべきとか、そういう話ではないと思うんです。設置基準として、必修科目として必要なコア的な実定法科目、それからクリニックを中心とする実務技能的な科目、これらのコア科目については一つのクラス何人に対して教員が一人いなければいけないというような数量的な基準が必要になる。これで、五〇人に対して教員が一人必要だということになれば、それしか資源を持たないという規模の提案をする、あるいは動員できないという大学はそういう規模の提案をするでしょう。それに対して、同じような授業を五〇人×四倍も用意することができるというハーバードやニューヨーク大学に相当するところであればそれなりの教育をされればいいということなのであって、問題は、コアの部分についてミニマムな要件をどのように設定するか、そのことなのではないかと思います。

そのことを述べた上で総論的なお話をさせていただきたいと思いますけれども、まず申し上げたいのは、司法制度改革審議会が法科大学院を法曹養成制度改革の有力な方策として採用されたということは、あらゆる人々にとって福音ともいうべき決定であったということです。

その理由は、まず第一に、国民にとって大きな利益をもたらすものである。現在の制度といのは、司法試験に合格しさえすれば、その背後にどのよ

な訓練があるか、教育があるかということは問題にしないという、先進国には他に類を見ない、安易な法曹養成制度であります。その結果が国民に対する法的なサービスを規定しているということになるわけでありまして、国民は、つまり潜在的消費者は、今回の提言を大いに歓迎すべきであると思います。

次に、法曹界は初めて大学において実務法曹のあり方を認識した教育が展開されるというチャンスをつかむことになるわけです。つまり、プロフェッショナル・リーガル・エデュケーションというものですけれども、今までそれは日本に存在しなかったわけです。開国以来一三〇年になるわけですが、初めて日本でそういう教育制度が出来上がるのだということで、法曹三者は諸手を挙げてこれを歓迎すべきだということであります。

それから、法学者も喜び勇んでこの計画に参加すべきであると考えます。なぜか。諸外国においては、法学を勉強することが何よりの法律家の必須要件になっているわけであります。現在の制度はそうではないわけなんです。ここにおいて初めて我々は、専門職養成という、本来法学が歴史的に担当してくるべき機能を担当することになるわけです。もちろん、今までそういうチャンスを得たいとなかったために、それがないことが当たり前のような認識を法学者の大多数にはある。だから変わりたくないという人もいるわけですけれども、そういう人たちは参加しなくてもいいわけなんです。つまり、新しい法学教育に乗り出すという

意欲と力量がある方はこぞって参加する。そういう意味で、法学にとって本来国際的に見てあるべき姿を実現する大きなチャンスになっていると思います。

それから、法曹三者の一部である弁護士にとって大きな機会であると思います。従来、司法研修所が存在するというのが法律家の質の担保ということで言われてきたわけですけれども、そこにおいて占める弁護士教育の比重というのは、どう計算してみても小さなものでしかなかったわけであります。それに対して今度は、全国のロースクールという非常に大きな基盤を弁護士は獲得することができる。そこにおいて比重はともかくとして、何が弁護士のあるべき姿かということを研究する人が職業的に生まれてくるということなんです。そのことを考えれば、弁護士会はこれは歓迎すべきである。そして何よりも、司法研修所が物理的なネックになって今まで阻止されてきた法曹一元という大きな目標を実施する日程を、初めてこれによって描くことができる。それが五年後なのか一〇年後なのか二〇年後なのかは、総定員次第ですけれども、そういう日程を初めて描くことができるような基盤になるかもしれないということです。日弁連はそういう基盤になるようにこの構想に対して積極的に協力すべきであると思います。

というわけで、司法制度改革審議会が設定した「基本的考え方」というのは、これがすべて実現されれば、すばらしい法科大学院ができると思います。問題は、すべてが最大限に

[第1部] ディベート／審議会の『基本的考え方』と各大学の構想

追求されるような検討体制が出来上がったかどうか、ここのところにあると思います。その意味では、私は、審議会は自らの下部機関として、この基本的考え方を心底共有している専門家を集めるということで、専門家会議を結集すべきであったと思います。現実にはそうはならなかったわけですけれどもそれなりの配慮があってそうなったということは重々理解できるわけですけれども、とにかくそうはならなかった。その結果として、良かれ悪しかれ現在の制度に対して権限を持っている官庁、それから現在の制度によって大学の評判が築かれてきた有力大学、そして実はその基盤を提供している予備校というものが、現状を維持しようという動機をどうしても持つことになってしまったというわけです。もちろん予備校は検討会議に入っていませんけれども、その他の官庁代表とか弁護士会代表、それから大学代表は検討会議に入っているわけです。ですから、これがどういう中間報告を出すのか、私はその内容を詳細には知りませんけれども、必ずしも楽観できない情勢ではないかと考えているわけです。

そこで、本来どういう構想が出るべきであったかということですが、繰り返しになりますが、第一に大学院レベルのプロフェッショナルスクールなんだという趣旨を十分に認識した構想を出すべきである。

それから第二に、プロフェッショナルスクールということですから、実務との接点を十分に意識した教育を考える、そういうロースクールになるべきだということです。

そのことを考えますと、意外なところから非常に有力な案が提案されている。意外なところからというのは、先ほど高木さんをはじめとして、いろいろな批判があった、その日弁連の一員であります。つまり今や現在の法律家の規模でよいのだ、現在の制度でよいのだという議論だけが日弁連内部では有力なわけではないのだということがわかるというわけであります。それはたとえば、第2部で検討される川端試案(本書収録資料2)に表されているわけです。ですから、いわゆる大手大学ではない大学、それから法学部を持たない大学、あるいは法学部以外の学科という層は、この川端試案という。のに対して非常に大きな関心を持つべきだろうと思いますものとしてそれを基盤として問題点を批判していくという形で、一種の共通の基盤が出来上がっていくのが望ましいのではないかと考えます。

最後に、これは今日の参加者には申し訳ないのですが、私も含めて、どうやら検討会議に入っていない大学の方が、あるいは東京から遠くなる方が、私が考えているプロフェッショナルスクールという趣旨に適合する案を考えているらしいということが、これで十分認識されたのではないかと思うんです。ですから、検討会議がどういう中間報告を出されるかわかりませんけれども、それは決して大学人の中でも多数説ではないということを、大学人の一人としては、口幅ったい言い方ですが申し上げていただきたいと思います。

以上で私の最終コメントといたしたいと思います。

塚原 いろいろなご意見があろうかと思いますが、ここで予定したディベートはこれで終了させていただきます。非常に多数のパネリストにご参加いただきまして、いいにくい部分も振ったにもかかわらず、時間を守ってお答えいただきまして、たいへんありがとうございました。当初に申し上げましたとおり、私があれこれ申し上げたことは、別に日弁連の意見を代弁しているということではなく、ディベートを盛り上げるための発言ですので、その点もご容赦いただきたいと思います。では、これにて終了いたします。

◎パネリスト

阿部泰久……（あべ・やすひさ／経団連経済本部経済法制グループ副長）

太田　茂……（おおた・しげる／法務省大臣官房司法法制課長）

加藤新太郎（かとう・しんたろう／東京地方裁判所判事）

川端和治……（かわばた・よしはる／日弁連副会長・検討会議協力者）

北村敬子……（きたむら・けいこ／司法制度改革審議会委員）

合田隆史……（ごうだ・たかふみ／文部省高等教育局大学課長）

須網隆夫……（すあみ・たかお／早稲田大学教授）

田中成明……（たなか・しげあき／京都大学教授・検討会議協力者）

柳田幸男……（やなぎだ・ゆきお／弁護士）

◎コーディネーター

第2部 パネルディスカッション
斎藤　浩……（さいとう・ひろし／弁護士・日弁連司法改革実現本部事務局次長）

日本型ロースクールの提起

21世紀に向けて、利用者の法的ニーズに応えるために、
法曹人口の大幅な増大が必要であることは、共通認識になってきた。
そして、法曹としての質を維持・発展させながら
法曹人口を拡大していく方途として法科大学院構想が浮上してきた。
それを実現するためには、大学と弁護士会など法曹界との協力が不可欠である。
ロースクールに何を期待し、どう創るべきか、
法曹養成システムの全体から考える。

斎藤　第2部のパネリストは、ロースクールの弁護士側といいうか、実務側の提唱者である柳田幸男さん、今日はABA（アメリカ法曹協会）のロースクール認定基準の本邦初訳になる冊子が配付されておりますが、これは柳田さんのまとまったロースクール構想のものです。また学者の最初のまとまったロースクール構想の提起者である田中成明京都大学教授、その他司法研修所元事務局長で判事の加藤新太郎さんなど、たいへん幅広い、この件での造詣を持っておられる方にお集まりいただきましたことを本当にありがたいと思っております。

まず、日弁連の川端和治副会長から法科大学院構想に関する試案を発表させていただきます。

1　川端試案の発表

川端　お手元に「法科大学院構想に関する一試案」（本書収録資料2）、本日付けの文書が配布されておりますので、それについて、一〇分間という極めて短い時間しかありませんので、全部についてご紹介することは到底無理なのですけれども、お話しさせていただきたいと思います。

初めにお断りしておきますけれども、本シンポジウムの冒頭でお話がありましたとおり、この一試案は基本的に私個人の責任で作成された法科大学院構想検討の一素材に過ぎません。本シンポジウムでこのような形で発表することについての日弁連正副会長会議の了解は得ておりますけれども、日弁

連案ということでは全くありませんので、誤解のないようにお願いしたいと思います。

私自身は、昨（一九九九）年、第二東京弁護士会の法曹養成二弁センターの委員長としてロースクールに関する図らずも提言をとりまとめる立場にありましたが、本年度は日弁連の副会長として法科大学院問題を担当して、本年五月末からは文部省の「法科大学院（仮称）構想に関する検討会議」（以下、検討会議と略す）に協力者として参加しておりますその関係で、私の試案ができてきた経緯ということをごく簡単にお話ししておきたいと思います。

当初、各大学の構想が相次いで発表されたときに強く感じたのは、やはり大学の先生方がいままで法曹養成に実際に携わっていないために、その実務の教育の内容を具体的に知らない。そのため、どの構想も、どう見てもいままでの法学部の教育の単純な年限延長ではないかという形でしか見えてこないものであったわけです。しかも、大学が新たに法曹養成という公的な任務に携わる、そういうことのために大学教員自身の自己改革が絶対に必要なんだという認識が見えてこないという印象を持ちました。その表れは、法学部の囲い込み型が非常に多かったということと、それから実務教育について全く考えないで司法研修所にお任せするという、そういう形で考えられている試案が多かったことです。

一方で、では弁護士の方はどうだったかといいますと、これは司法研修所を絶対的な法曹養成制度の所与の装置として神格化していた。最高裁に法曹養成制度をそういう形で委ねることが法曹一元制を主張することとどういう関係に立つのかとか、あるいは現在の司法研修所の制度が少数者を対象にしているから初めて成り立っているということと、大きな司法を目指すという司法改革を主張しているということとがどういう関係になるのかという点が明らかでなかった。あるいは、非常に厳しい試験を弁護士は通ってきたという、いわば誇りがあるわけですけれども、逆にそういう厳しい試験が受験生あるいは法学教育に様々なゆがみをもたらしているんではないかという問題認識に弱かったのではないかと思います。

そのため、いままでの弁護士会の意見というのは、大学の教員と法曹三者、とりわけ弁護士との共同作業で学問の自由に支えられた新たな法曹養成の中核的教育機関としての法科大学院をこれからつくっていくんだ、そのことによって質と量を兼ね備えた法曹をつくり出し、法曹一元と大きな司法の基盤整備をするんだという前向きな決意がやや乏しかったのではないかと思います。

こういう状況に非常に大きな転機をもたらしたのは、先ほどから指摘されておりますけれども、司法制度改革審議会が今（二〇〇〇）年四月二五日にまとめられた「法曹養成制度の在り方に関する審議の状況と今後の審議の進め方について」（以下「審議の進め方」と略す）とその別紙「法科大学院（仮称）に関する検討に当たっての基本的考え方」（以下「基本的考え方」と略す）（本書収録資料1）だと私は思います。

ここで示された司法制度改革審議会の認識は、現在の法曹養成制度が二一世紀の社会にふさわしい法曹を生みだしてはいないという認識で一致して、新たな法曹養成制度としての法科大学院は、理論と実務の架橋がなされる場でなければならないということ、それから公平、開放、多様という理念に基づいて全国に適正配置されなければならないということを明確に打ち出しました。私は、これは、これからの法曹養成制度の基盤として十分に尊重されなければならない、一つの理想的な案であったと思います。

しかし、その結果、検討会議ということになったわけですけれども、検討会議の協力者として私が参加してしばしば感じたのは、私自身は日弁連の基本方針である五つの条件を守る案を検討会議で述べるという役割ではあるわけですけれども、前提として与えられた司法制度改革審議会の「審議の進め方」や「基本的考え方」に表れていたものを本当にもっと具体化する案を検討しているのだろうか、そういう方向でもっと考えなければいけないのではないかという方向でもっと考えなければいけないのではないかという方向でもっと考えなければいけない、いわば依頼者の要求を何とか守ろうとする弁護士のような心境で、いままで検討会議に臨んできたという印象を実は持っております。

その結果として、間もなく、検討会議の中間報告書の最終

的な討議が行われるわけですが、この討議の結果について八月七日に法曹養成制度に関する司法制度改革審議会の集中審議が行われるときに、少なくとも検討会議で出されたあらゆる意見が司法制度改革審議会にも、こういう問題点にはこういう議論があったという形で紹介されるような形での中間報告書のとりまとめにならなければいけませんし、そうなるようにもう一踏ん張りしなければならないのかとも思っております。

前置きばかり長くなってしまいましたが、今回の私の「試案」が他のいままでの各大学の案と比べて特徴的であるところは、これからの法曹養成をするための法学教育の中核は大学院レベルにおかれる法科大学院が担わなければならないということを明確な前提にする必要があるということを考えているということであります。その法科大学院は、日本社会において法の支配を確立するための人的基盤である法曹の質的向上と法曹一元制実現の可能性を高める方向で、大学教員と法曹三者の共同作業で作り上げていかなければならないと思うのです。

そのために一番重視しなければならないのは一体何か。

まず私は、法科大学院は、法科大学院として完結した教育機関であるということを目指すべきだろうと思います。これは何を言っているかというと、法学部二年の教育の上に二年の積み上げをする、そういう形を原則として考えるのではなくて、法学部教育を前提としないでそれ自体が完結した法曹

養成機関としての法科大学院を原則として考え、その中で既に法学について十分な知識、能力を得ている人については、その能力を試して認められた範囲で履修免除することにする、つまり原則と例外を逆転して考えなければいけないのではないかということであります。

こういう考え方を取ると一番いいのは、入学試験の際に最も開かれた制度を実現できるということであります。法学部の履修を前提にしていませんから、あらゆる学問的背景、あるいは社会人である・ない、あるいは年齢といったものをすべて選抜の要素とはしないで、それに共通の試験、これはそういう場合、LSATを参考にした適性試験以外はあり得ないわけでありますけれども、そういうものを課すということが本当の意味でできるようになる。つまり、これからの法曹に求められる多様なバックグラウンドを受け入れるという理念をそのまま制度として形にできるのではないかと思います。

そしてまた、そういう制度として考える場合には、やはりどうしても三年間が必要になってくるということになるのではないかと思います。

カリキュラムについても、先ほどの考え方を前提にすると、これは司法制度改革審議会から理論と実務の架橋ということが課題として投げかけられているわけでありますけれども、当然、法体系について十分な理解を得させるということが前提となるわけでありますが、理論教育の場においても実務的

坊先生が冒頭におっしゃっておられましたけれども、この法科大学院は、司法試験を純然たる資格試験とする、いまの一発試験に変えてプロセスで選抜と教育を行うんだということを当然の前提としている制度なはずなのでありますけれども、実はこの一番肝心な点についてさえ検討会議で明言するということなかなかっていないという不思議な現象があります。それは実は司法修習の問題があるからでありまして、司法修習がいままで実際のところで司法研修所の定員と実務庁の受け入れ能力ということで、法曹人口を増加するということに対する制約要因として働いてきたというのが歴史的事実と思いますけれども、これを本当に取り払うことができるのかどうか、取り払う気があるのかどうかということがなかなか明らかにされないという問題があります。

私の試案は、そういう問題を避けるためには現在の前期修習に相当する部分は各法科大学院でやっていただくことにしています。実務修習は集合教育なしにして、各弁護士会に配属させていただいて、そこで各弁護士事務所や裁判所や検察庁等にも研修をして行い、それをベースにして裁判所や検察庁等にも研修に回るという形でやるのが最も適当ではないかと思います。こうしてこそ実務庁の受け入れ能力というような問題が制約要因として働かなくなる制度設計ができるのではないかと考えております。その実務修習は、弁護士修習を中心とします。

これからの法曹は、法曹一元制が実現すれば全員が弁護士になり、弁

な関心を常に持ち、具体的な問題をどう解決していくかということを念頭に置いた理論教育をする。逆に、この現在の実務にはどういう問題点があるかという理論的関心を持った教育をしていくという形で両者の統合を図っていける、そういう法科大学院になり得るのではないかと思います。

実務教育として一体何をやるのかというイメージがなかなか具体的に語られていないので、私の試案では相当詳しく書いてあるわけですが、例えば法曹倫理科目としては、司法と法曹の社会的、公共的役割、我が国の法曹史及び実務において倫理的判断を迫られる状況について具体的な事例や設例を素材に分析し、弁護士倫理や職業責任に関する判例を参照しながら討論する。こういうようなイメージで法曹倫理を教えたらどうかと考えます。

そのほかにも、いわゆる legal research and writing になりますけれども、法的情報調査、法的文書作成を一年次に、面接交渉技術演習を二年次に、民事裁判実務演習、刑事裁判実務演習、これは実は現在の司法研修所の前期で行われている白表紙起案を取り込むということでありますけれども、それは三年次の後期にやる。また三年次では様々な臨床科目を行うという積み上げを行うことによって実務を理論的関心のもとに、また臨床科目が単なる社会見学にならない形で、初めて効果的に実現できるのではないかと思います。

非常に問題なのは実は出口の問題でありまして、これは中

護士という職業を基盤としてありますから、様々な方向に進出していくという形になるわけでありますから、弁護士会が中心となって法曹三者が協力して作っていくという、そういう制度が望ましいのではないかと考えております。

斎藤　ありがとうございました。それでは、司法制度改革審議会から委員である北村敬子さんにお越しいただいておりますので、最初に簡単に審議会委員としてのロースクール問題に臨むお立場、基本的なお考えをお聞きしたいと思います。

2　二一世紀の司法を担う法曹の質と数

北村　審議会の立場は、先ほどから参照されております四月二五日の司法制度改革審議会の文書に全部集約されているかと思います。結局我々審議会委員は、ロースクールを二一世紀の我が国司法制度の確立のための制度改革の一環として位置づけている。中身といたしましては、制度的基盤の強化の問題、それから人的基盤の強化の問題がございまして、この法曹養成制度は人的基盤の強化というところに関係する問題であると。ここで質あるいは量ともに豊かな人材、これを育成していくこと。つまり二一世紀の司法を担う法曹に必要な資質は何なのか、あるいは量の方に関しましては、法曹人口の大幅な増加といったようなことが掲げられております。

しかしながら、これ以外のものが掲げられておりません。というのは、具体的にまだ審議会の中では議論をしていないからなんです。審議会では八月七日にこのロースクールについてきまして審議することになっております。

ここで私が話をやめてしまいますと、何のために出てきたのかわからなくなってしまいますので、以下述べることは私個人の意見であるというようにお考えおきいただきたいと思っております。

まず、いまの川端先生の報告をもとにいたしまして、ちょっと感じたところを述べさせていただきたいと思っております。まず法科大学院というものを卒業した人が一体どういう方向に進んでいくのか。川端先生のご意見ですと、弁護士という形のものが中心に考えられている法曹人と考えますけれども、多少範囲を広げました法曹人になるためにこの法曹人を生み出していくといたします。この法曹人になるために法科大学院、法曹人を養成するために法科大学院というものを設置する。そのために従来の法学部というものはリベラルアーツとして教育を行っていくんだと。ところが、現在の法学部というものは四万五〇〇〇人を超える学生を出しているわけではございません。そうしますと公務員になっていたり、あるいは企業法務に行っていたりする。こういうような人たちがリベラルアーツ化した法学部の教育を受けて進んでいくということでいいのかという問題が一つ残るのではないかと考えております。

そこで、この法科大学院の方も、人というような形で考えていったときに、率を何％に置くのかわかりませんが、例えば七〇％に置いても、三〇％の人が残ってしまう。ではその人たちの進む道はといいますと、では企業法務に行けばいいではないか等々、いろいろなご意見があるかと思いますが、私はやはり最も問題になっているところの司法書士をこの法科大学院で養成するということを考えてもいいのではないかと思っております。

それから次に質の問題に関しまして、司法制度改革審議会の方では、専門性、国際性豊かな法曹人の養成ということを問題にしております。この専門性のところで、したがって法学部から上がってきた人だけではなくて、他の学部においてきちんとした専門性を身につけた人もロースクールに入れるべきであると、こういったようなことが第1部（本書九頁以下）におきましても出てきた問題です。この専門性というのをどのような形で考えていくのかですけれども、私は、他の学部にいらした人も確かに専門性がございますが、一つ重要なのは、もう既に例えば公認会計士の資格を取っているか、あるいは別の弁理士の資格を取っている、非常に高い専門性を身に付けた人を再びこのロースクールで養成して、そして会計に強い弁護士、あるいは知的財産権に強い弁護士というものも考えていく、そういう道もあるかなと思われます。そうしますと、ロースクールというものは三年が原則なので

はなくて、二年と考えて、そういう法律について知識のない人についてそれを何年とするかというような問題が出てくるのではないかと思っているわけなんです。

それからもう一つ。審議会の方では法学教育、司法試験、司法修習、これらを有機的に連携させたプロセスとしての法曹養成制度というものが求められておりますので、そこからも既存の法学部教育の在り方というものも必要があるだろうと思っております。

最後にもう一つ。ロースクールというプロフェッショナルな、専門大学院とは別に、会計とか税務、経営、政策、そういった分野の専門大学院というものも合わせて考えていく必要があるであろうと考えます。この場はロースクールということで言っているわけで、まだ余り世間ではそれ以外の専門大学院というものも現在できておりますものが二つしかございませんけれども、それとロースクールというものの協調関係というものを考えていけばいいのではないかと、このように思われます。

いずれにいたしましても、このロースクールを論じる場合に、ロースクールの側から学部教育をどうするのかという論じ方もあるかと思いますが、私はやはりそれ以外の人たちをどうするのかということが抜け落ちてしまうのではないかと思います。したがって、現行の法曹人になる人以外の人たちの教育をどうやっていくのかということも合わせて考えていただきたいと思います。

3 法曹人口の増加とロースクール

斎藤 ありがとうございます。さて、第1部では厳密な議論を短時間でやっていただいて、非常に成果が上がったと思いますけれども、ここでは少し大きな所からロースクールを論じようということにしております。まず第1部の何人かもおっしゃり、まとめ発言でもあり、いまの中にも出てまいりました司法制度改革審議会の基本認識の中の最大の出発点といいますか、法曹人口の大幅な増加ということをどう考えるかということをいささか第1部では避けて通っていたようなところがございますから、そのあたりからやっていきたいと思います。

ロースクールを立ち上げれば、人口増に結びつくということを皆さん考えておられると思うんですけれども、そのあたりの結びつき方などについてご経験、あるいは教えておられる経験から何人かの方に口火の発言をしていただこうと思うのですが、須網さん、一つよろしくお願いします。

須網 法曹人口の問題については、審議会でも大幅な増加がほぼ一致点になってきていると思います。それから、この間の議論を見ていますと、研究者の多くも増員に基本的には賛成していると思います。弁護士会内に、いろいろ議論があることは承知していますけれども、こういった現在の意見は全く、根拠のないものではないだろうと思うわけです。

一番目には、0─1地域といわれるような弁護士過疎地域があって、現状でも不足している分野があることが非常に見えるような状況になっているということです。

それから第二点は、諸外国と比べて日本の弁護士業務の範囲が非常に狭いことが指摘できます。つまり行政法、独占禁止法とか通商法であるとか、企業法務に関する分野がかなり多いわけですけれども、要するに諸外国の弁護士が食っている分野が日本の弁護士の食う場所になっていないことは明かなことだと思います。ところが、現在、司法改革の中ではこれからの弁護士は、業務範囲の拡大が予定されている。業務形態も単に事務所を持っているというだけではなくて、自治体、官庁、労組など、いろいろなところに法律家として入っていくことが要求されるようになってくる。これらの点を考えてみれば、増員について審議会とか多くの研究者の間で一致点ができたことは、やはりあるべくしてそうなっている側面があると思います。

ロースクールの必要性を考える場合、これから養成する法曹の質に関する面と量に関する面の両方の側面があるわけですが、まず量の点について議論すれば、ロースクールは人口を増やすという点からは、それに親和的な制度であると言えると思うんです。現在、大学は多くの教員を抱えてかなりの教育能力を持っているわけですが、これまでその能力は、法

4 司法試験・司法研修所は法曹人口増加のボトルネックか

斎藤 ありがとうございます。ではそういうところを少し聞いていきたいと思います。検討会議というのが行われていて、川端さんやその他に出ていただいているわけども、第六回の検討会議が七月一七日ございまして、そこで金築最高裁人事局長は、いまのご発言のようにボトルネックにはしないということでした。複数の参加者から同様のご発言、議事要旨にもその趣旨が載っておりますし、最高裁判所としては、間違いないことですし、議事要旨にもその趣旨が載っておりますし、最高裁判所としては、間違いないことですし、最高裁判所としては、司法試験合格者を大幅に増加させるということを司法制度改革審議会が決

曹養成には直接には振り向けられてこなかった。しかしこれが法曹養成に振り向けられれば、より多くの法律家の養成が可能になることは間違いないでしょう。

しかしながら、現在の制度は、第１部でも議論になっておりましたが、司法研修所の存置が前提となっており、この司法研修所が果たして人口の増加に対するボトルネックにならないのかどうか。逆に言えば、司法研修所の存置を前提とした場合にも、これが人口に対するボトルネックにならないように制度設計をすることが非常に重要でしょう。そうでないと、せっかくロースクールをつくっても角を矯めて牛を殺すとことになりかねないのではないでしょうか。

めればそれに対応すると、前期、後期は建物と教官の問題である。実務期は刑裁と検察の比重を下げればいけるか、何人でも対応できるということのこともあります。そのあたりも議事要旨にも少し簡明にまとめられておりますが、その当たりのことも含めまして、研修所と人口という点で、加藤さんにはこの点に絞ってひとつご発言いただければ幸いです。

加藤 ボトルネック論ということが言われていまして、真犯人はそこだといわれることがあるわけですけれども、司法研修所の歴史は、いわばさすらいの歴史です。芝高輪の旧毛利邸で始まりまして、その後、紀尾井町、いまの文芸春秋社の隣りに移りました。臨司の後、五〇〇人台になりまして、昭和四六年には湯島に庁舎をつくって五〇〇人台の養成を継続していたわけです。さらに養成数を拡大しようということで、平成六年には、埼玉県和光市と東京都練馬区大泉学園町にまたがった和光庁舎に移っています。この次はどこへ行くのかと冷やかされますけれども、何を申し上げたいかというと、スケジュールを示して養成数を増やすべきということが決まれば、最高裁判所としてはこれは対応することと、ままででもしてきている、このことを是非認識していただきたいわけです。今後どうするかということですが、養成数を増やしやすくことが国策であると決まれば、それは何としても実現していくことになるだろうと思います。したがって、ボトルネック論を前提として違ったシステムを考えましょうと

いうのは、性急な議論ではないかと思います。

斎藤 そうしますと、いまのご発言は人事局長のご発言とほとんど同じだと思うんですが、最高裁は、あるいは加藤さんのお考えでもいいと思うんですけれども、大きな司法は必要だと思っておられるのか、いや司法制度改革審議会が言えばそれは対応するということなのか、そのあたりはいかがでしょうか。

加藤 法曹人口増というのは司法制度改革審議会の議論の出発点でもありゴールでもあると認識しています。弁護士を増やしましょう、検察官を増やしましょうと、さらに、事件数が増え、事件の内容も難しくなっている上に、審理期間も早くなさいという要請が高まってきているわけですから、裁判官も増やさなければいけないという認識でおります。当然そういうところを考えられて司法制度改革審議会は意見をまとめられるだろうと思ってまして、覚悟をしかけているというところです。

も、そのあたりで増員にとってはロースクールでないといけないのか、それ以外の制度はないのかという当たりはいかがでしょうか。

柳田 人口論とロースクールが必然的に結びつくものではないかもしれないが、現在の仕組上、司法研修所がボトルネックになっていることは間違いない事実です。この頚木が外れれば、あとはロースクールでどのように質の高い教育を行うのかにかかってくる。ロースクールでばっちりと競争をさせて、質の高い弁護士を育てていくということになると思います。グローバリゼーション、特にインターネットの普及によって世の中が様変わりしつつある姿がだんだん見えてきました。そういう時代においてこれまでの紛争解決手段とか、その基盤が失われつつあるわけです。そういうときに人々の問題解決機能を果たすのは何かというと、これは司法しかない。司法は頑張らなければならない、司法が頑張るということは、法の支配を日本社会の隅々にまで行き渡らせることです。最初の論文でロースクールのことを、ロースクールをつくれば必然的に法曹人口が増加するのだということを、書かなかったのは内心にあったからです。

斎藤 もう一つ制度としての日本の制度の直接的な壁が司法試験だと思いますけれども、太田さんどうでしょうか、司法試験の問題はロースクールを考える場合、逆にロースクールも後で聞きますけれども、外側の方からこの問題を扱ってみたいと思いますが、柳田さん、先ほど須網さんもおっしゃいましたが、柳田さんもずいぶんロースクールの経験を教鞭の方でもお持ちで、国際取引をやっておられるわけですけれど

斎藤 言いにくいことをありがとうございます。太田さんに

を考える場合、司法試験の問題というのはどのようにすべきか。中間的なお考えだとは思いますが、ご発言いただけますか。

太田 まずその前提としての人口につきましては、これは根本的に従来法曹三者を中心に考えていた枠組というものが、いわば法曹三者は被告に立たされて、まさに国民的視点からあるべき法曹の質と量の増加が求められている。そして改革審でその方向性が具体的に示されたら、法曹三者は全力を尽くしてその負託に応えなければならないということに尽きると思うわけです。

そういうことを前提にしまして、司法試験の問題ですけども、抽象的な言い方になりますが、法科大学院の意義と必要性、教育内容や方法等について十分議論が尽くされて、国民の目から見てこれがあるべき法曹養成の中核だということが認知されれば、当然それにふさわしい司法試験はどうあるべきだということの議論が深まっていくということになると思います。ただ、それを具体化するに当たっては、受験資格等々重要な問題点があり、それらについて徹底した議論を尽くして良い方向を求めていく必要があります。私どももまだまだ侃々諤々の議論中ですけれども、全力を尽くして検討していきたいということでございます。

斎藤 田中さん、よろしくお願いします。

田中 大学側は、法曹の質の向上のための教育の在り方ということに主たる関心を持って議論しているわけでして、法科大学院側から見れば法曹人口の大幅増員というのは、法科大学院が円滑にスタートして展開していくための前提条件でして、大学側から見れば法曹人口の大幅増員というのではなくし て、基本的には法曹人口を大幅に増員するんだという前提でないと、法科大学院の円滑な展開はあり得ないと考えております。先ほど川端さんがおっしゃったように、大学としては純然たる資格試験化に早くしていただきたいと思うわけですけれども、一気にそうならないのならば、司法制度改革審議会でどういうタイムスケジュールで法曹人口を増やしていくのかということを示していただかないと、各大学がどういう形で、どれだけの規模で法科大学院に参入するかを考える場合、「大幅増員」というだけでは具体的な検討を進めにくいというところが非常に大きなネックになっているわけでございます。

それから司法研修所のボトルネック論については、最高裁の責任ある方がそうしないとおっしゃるんだから、大学側はそれを信頼してやっていくことになると考えているということです。

5 ロースクールで、何を期待されているのか

斎藤 量とともに質の問題なんですけれども、国際化の問題とか経済に強い弁護士とか先端技術に強い弁護士とか、いろいろ先ほどからいろんなごあいさつでもおっしゃっているわけですけれども、経済界からきていただいた阿部さんにご発言いただきたい。量の問題も質の問題も同時にご発言いただいていいと思うんですけれども、例えば最近経済同友会は明快なロースクール構想を「我が国司法の人的基盤改革のビジョンと具体策」という文書で出されておりますけれども、経団連はいかがなんでしょうか。

阿部 まず人口増からまいりますと、同友会も経団連も一致しているわけでありますが、経済界の共通認識としましては、広い意味での法曹とは、法廷業務に携わるいわゆるリティゲーターではなくて、国民生活なり企業活動を法律というツールを使ってよくマネージメントできる職能ということの法曹でありますが、この法曹人口を最低でもいまの四倍から五倍、それは遅くとも一〇年以内に何とか満たしてもらえないかと考えております。それだけの量的な基盤がないと様々な分野で多様に起こってきますニーズに対応できないだろう。量的な基盤がなければ質的にも高まらないというのが私どもの発想でございます。質も量も大事でございますが、ともかく量

が増えることによっていろいろな分野である意味での専門化が進むはずである。その中で例えば渉外法務でございますとか、あるいは複雑な倒産処理でありますとか、あるいはこれから立法について国も地方自治体も新しい局面に入っていくかと思いますが、このような立法活動を支える基盤でありますとか、さらにはこれから市民活動NPOなどの新しい分野で法律家の需要が広がってまいりますが、これに耐えられないだろうと考えます。

もちろん企業としても先端的な高度に専門化した法曹というものに期待しているわけでございますが、それを満たすためにはともかくすそ野が広がらないと、その中で職能としての専門化ができないと思っております。ある程度の数の基盤を上にして、もとにして、その上に様々な分野のスペシャリストが育つということが私どもとしては望ましい姿ではないかと思っております。

斎藤 いつも阿部さんはお招きすると、弁護士批判を展開されるわけですけれども、日本の弁護士の経済界から見た使い勝手という点は今日はどうなんでしょうか。その点も補足していただきたい。

阿部 率直に申し上げますと、まず大事な事件は弁護士に任せられないというのが企業法務の担当者の一般的な発言であります。なぜならば、本当にその先端的な分野で起こって

おります。例えば知的所有権をめぐる争いでありますとか、国際的な商事紛争でございますとか、これから独占禁止法の私的救済が大きな問題になってくるわけでございますが、これがわかる弁護士の方がどれほどいるか。東京でもそのニーズを満たすのに足りないということでありますし、ましてや地方にまいりますと、そもそも弁護士がいないということがございます。大企業ですらこうでございますので、それより規模が小さい中堅、中小企業、あるいは個人事業者の方がいかに司法にアクセスできないかということについてはもう少し率直な声を上げさせていただきたいと思っております、いずれにしてもいまの法曹の規模、枠組の中では、いかに不満を述べていても改善はできないと思います。これは大胆に法曹の基盤を広げて、その中で専門化を進めていく、あるいはいろんな分野に法曹というものを当たらしていくことによってしか解決できないと思っております。

斎藤 お聞きするだけでもいけないので、少し絡みたいと思うんですけれども、今日のようなご発言についていつも私も感銘深く聞いているんですけれども、経団連は一昨年の文書では、そういうことをして法曹一元につなげるということを明快に言っておられたと思うんです。理事会決定であるからこれは間違いありませんと阿部さんが一昨年のシンポジウムで胸を張られたのを私はコーディネーターとして覚えているんですけれども、最近、法曹一元との関係を全然お言いにな

らないように伺いますが、どうなんでしょうか。

阿部 まず経団連としましては、司法制度改革審議会に委員を出しておりますので、その委員の発言を中心に私どもの発言をしていくということでございます。法曹一元につきましては、単なる一般論、理念論から、その条件をいかに整備するかという議論に入っていると思いますので、たんに「やれ、やれ」というアジテーターではなくて、その基盤をどうやって積み上げていくのかということで、法曹人口の問題はその入口ではございますが、それに議論が進んでいると思います。たまたま外から見ると経団連は黙っているように思われるのでございますけれども、それなりの議論は中で積み重ねておりますし、司法制度改革審議会の中で必要なことは述べさせていただいていると思います。少なくとも法曹一元というのは経団連の公約でございますので、これからも戻るようなことはございません。

斎藤 柳田さん、国際取引などでそういう日本の弁護士の質、能力の問題を、言いづらいところもあると思いますけれども、いかがですか。

柳田 国際取引の分野においては、例えば日本と東南アジア、あるいは中国との取引においても日本の弁護士が使われない場合が非常に多いのです。国際化に強い、経済に強い、あ

いは先端に強い弁護士と言いましても、いきなりそれを学んでもあまり効果がない。国際的な場面でアメリカの弁護士を相手にしていますと、結局、柔軟性というか、フレキシビリティをもって対応できるかどうか大切だということがわかります。国際化、経済、先端というようなことについての共通の特徴は、やはり素早く変化に対応するフレキシビリティを身につけるということだと思います。フレキシビリティを得るためには、柔軟な思考力とそれを支える幅広い学識とが必要になってきます。

このように考えますと、例えば隣接社会科学の理解とか、あるいは理系の発想で開かれた心を持っているとか、そういうことが根底になかったら駄目だと思います。ですから、一般教養教育というのがものすごく重要で、そこでフレキシビリティとか様々な素質がしっかりと身について、その上でロースクールにおいて先端的なものを専門的にやっていく。そして変化に対応するということでなければいけないと思います。アメリカでいま、大学を卒業してから引退するまでに平均一一回職業を替えるそうです。スキルベース、要するに専門のベースを全く替えてしまうのが三回あると言われています。それに引き替え日本では、一八歳で法学部に入って以後、六年、七年間法律の勉強を続けたのでは、一体そういう弁護士が、アメリカでばっちりカレッジで勉強して、フレキシビリティを身につけ、変化に対応できる教育を受けてきた弁護士に対抗していけるのだろうかということを私は率直に懸念しております。

6 人権擁護、人権活動とロースクール

斎藤 ありがとうございます。国際取引、経済、独占禁止法その他が出ているんですけれども、我々弁護士の基本は広い意味で人権かもしれません。人権活動というのはロースクールになればどうなるんだろうかと心配される方々がいます。人権活動面がロースクールになったら弱まって、いま私がずっとお聞きしてまいりましたようなところは強くなるかもしれないけれども、人権活動が弱くなるんではないかと思っておられる方が消極論者の中にはたくさんおられるように、私が話していて思うんです。須網さんはいま、元弁護士ですから、EU法などを教えておられますけれども、国際取引法、人権、公益活動の分野についても新たな可能性を切り開くことができると思います。

今日、柳田さんが訳されたアメリカのABAロースクール

須網 ロースクールについても、これはロースクールの制度設計如何による部分が多いわけです、何もロースクールになったから人権の分野が弱くなるとか、そういうことはないと思います。むしろロースクールの制度設計如何によっては、人権、公益活動の分野についても新たな可能性を切り開くことができると思います。

認定基準が配られておりますけれども、その三〇二条のEなどを見ますと、プロボノ活動の促進、つまり公益活動の促進がロースクールの一つの任務として書かれております。

それからまた具体的なロースクールのカリキュラムを見ても、国際人権法、少年法、子どもの権利、ジェンダーとか、様々な人権課題を対象とする科目がロースクールで教えられていることがわかります。日本でも、これからロースクールを考えるときには、これらをその内容に取り込んでいくべきでしょうか。

例えば以前に、国連の規約人権委員会で裁判官の国際人権法教育が足りないんのではないかという指摘がされたことがあったと思います。これは確かにそうかもしれませんが、幾分酷なところもあって、つまり現在のシステムの中にそれが位置づけられていないわけです。大学ではもちろんカリキュラムにはありますが、もちろん司法試験科目ではないから、司法試験を受ける人は取らない。研修所に入ってしまえば今度は研修所で実務教育です。裁判官になれば非常にお忙しいと、こういうことだと思います。やはりこのような問題については、ロースクールの制度設計如何によって、十分に展開していくことができるのではないでしょうか。

7 ロースクールで、実務教育をどうするか

斎藤 次に少し制度の問題に入っていきたいと思うんです。先ほど加藤さんにお尋ねしたわけですけれども、逆に今度は加藤さんから大学の先生に尋ねてもらったらいいんじゃないかと思うわけです。司法研修所で行っているいわゆる実務教育、前期、後期も含めての大学での広い意味での実務教育というのは、加藤さんから見ると、ロースクールになったらどのようにするのがいいと思っておられるのか。率直なところをお聞きしたいのです。そもそも大学にそんな能力があると思っておられるのか、思われないのか、そのあたりも含めて少しご発言いただきたいと思います。

加藤 全体として養成数を増やしていくということと、その質の維持向上というのは相反するのではないかという心配があるわけです。何も手当をしなければそうなる蓋然性が高いというのが経験則ですので、何らかの手当をすべきである。そこに法学専門教育を再編成していくことの必然性があるだろうと思います。そのように問題設定しますと、法科大学院だけが唯一の最適解答ではなくて、法学部を延長したらどうかとか、司法研修所を充実したらどうかということもあり得るのであろうと思いますが、いまは法科大学院が議論されていますので、それに照準を合わせてお話しします。まず一つは、そこで養成されるものとしてインテンシブな教育であることが必要なので、三年はいらない、二年でよいと考えます。

その上で、理論教育と実務教育訓練との役割分担をきちんとした方がいいのではないか。川端試案では法科大学院に実務

教育の責任をすべて押しつけるということになっているわけですけれども、実務教育訓練は司法研修所システムにリンクする形が相当ではないかと思います。その方がシステムの枠組として賢明であると思います。これは決して現状維持的思考ではなくて、白紙に好きな絵を描いてもいいですよという立場からスタートしても、やはり良いシステムだというように思えるわけです。

そのうち一つだけ言いますと、第一に、法学部は、草創期には法曹養成とか官僚養成をしていたわけですが、現在は法曹教育という職業教育をしてはおりません。考えてみると、日本の文系の学部はどこも職業教育をしていないので、われわれの責任だと言って法学部の先生方が慚愧する必要は全然ない。社会が大学にそういう役割を期待をしてこなかったということだろうと思います。そして学者と実務家との養成プロセスに歴然たる差異があるわけですから、それぞれが得意とする場面でその能力を発揮して、全体としてより良い法曹を生み出す場面で最適な役割分担することが相当ではないか。「餅は餅屋だ」と言いたいと思います。

斎藤 田中さん、関連でご発言いただけますか。

田中 いま、加藤さんがおっしゃったように、大学と研修所の役割分担の問題だと思うんです。将来的にロースクールを修了した人がロースクールが円滑に動き始めて、ロースクー

ルの教員になる段階になったときに、ロースクールで何をやるべきかという問題と、加藤さんがおっしゃったように、大学は職業教育を従来やってこなかったわけでして、そういう現在の教員がいますぐどこまでできるかという問題があるわけです。しかも、学生の側から見て、司法試験に受かる前にやるのと後にやるのとどちらが教育効果が大きいかという問題もあります。理論的には、第１部で高橋教授がおっしゃったように、極端に言えば、研修所の教官にロースクールにきて教育していただくということをやればロースクールでやれないことはない。しかし、それは相当数のロースクールが展開されるという場合には現実性が乏しい。そうなっていくと、現在の状況から徐々にどれだけ実務教育をロースクールの方に移していくかというのは、教員の教える能力、ロースクールの数、そういったものを総合的に考えていく必要がある。いま何をやるべきか、やれるかという問題と、将来的にどういう方向に行くべきかというのはやはり段階を分けて考える必要があるのではないかと考えております。

斎藤 ここまでですといままでの大学のシンポジウムと同じ結論だと思うんですけれども、ここは日弁連ですから、今度は逆に、加藤さんや田中さんもおっしゃったのは同じ趣旨かもわかりませんが、司法研修所の実務教育というのは本来法律家にとって必要な実務教育を教えていたのかという問題を

とりあげたい。それは弁護士がいいと思うので、須網さんからいきましょうか。

須網 餅は餅屋と加藤さんがおっしゃったのは、ある面ではそのとおりでしょう。しかし、現状を前提にした上で、つまり現在の大学でやっていることと研修所でやっていることを前提として、法理論教育と法実務教育とを峻別し、それぞれ今後の法科大学院と研修所に引き継ごうということは、大きな異論があります。確かに、そういう発想は現時点では両者にとって非常に都合がいいわけです。どちらもいまやっていることを変えなくてもいいわけですから、その意味で、そういう気持ちになりたいことは十分に理解できます。しかし、私はこれは実務と理論の融合という審議会が付けている条件であるとか、司法改革の目的からしてみると、やはり適当ではないと思うのです。つまり、こういう形で法理論教育と法実務を峻別してしまうと、過去の経験からも明らかなわけですけれども、学問的研究対象とならない実務聖域のようなものを作りだしてしまう危険があるわけです。私はいま、要件事実教育を念頭に置いているわけですけれども、要するに、実務は実務で一定の合理性があるからその中からその実務に対する批判的な視点は出にくい。したがって、実務の中からそれに対する批判が行われているわけではありません。やはり実務と少し距離を置いた大学がそれを考えることによって、いろいろと実務に対する批判が出てくるんだと思います。ですから、

それからもう一つ、法実務教育といったときに、も研修所教育のことを念頭に置いてしまうわけですけれども、実はこれからの法律家の多様な役割を考えた場合には、新しい種類の法実務教育が必ず必要になってきます。研修所教育は裁判実務教育ですから、これ以外の予防法務的なものとか、法政策論的なものとか、それについて研修所には何のノウハウもありません。それでは、それらを今後研修所に任せていくのかというと、そうではなくて、学問的裏付けを備えながらも徐々に発展させていくという方向で取り組むべきだろうと思います。ただ、困難もありながら、いくという方向で取り組むべきだろうと思います。ただ、先ほど田中先生がおっしゃったように、短期的な問題と中期的な問題と、これは分けて考えなければいけないわけで、いますぐ全部ができるかどうかはわかりません。しかし、その場合でも中期的目標をはっきり設定して、それに向かって準備を進めていくという発想が必要ではないでしょうか。

斎藤 柳田さんも一言。

柳田 私は、実務教育と言った場合に、二つの異質なものがその中に含まれると考えます。一つは教育で、二つ目は訓練

です。この二つを含めて実務教育と言っているのではないかと思います。

教育とは、法の体系的理解とか、あるいは長きにわたって役立つ根本的な事項の獲得を目的として行うものです。訓練は、個別事案に即して習熟していくということです。そこで問題は、実務修習と言われるものの中で、この二つのうちのどっちにどれが属するのかということを振り分けていく必要があると思います。例えば要件事実論のように民法と民事訴訟法とを個別ばらばらに勉強していたのでは要件事実論はできないわけです。民法と民事訴訟法が一つになったところで初めてできるわけです。次ぎに、理論をベースにして、実際の場面でこれをどのようにアプライするのか、実際にやってみることになります。これは訓練に属すると思います。訓練の部分は大学ではできなくて、実務の訓練の場所で行うべきだと考えております。
事実認定論についても同様のことが言えると思います。

斎藤 阿部さん。

阿部 司法修習とか研修のやり方の議論を経済界から聞いておりますと非常に不思議に思いますのは、必ず法廷業務リティゲーターを中心として考えておられるわけです。私どもが言っておりますのは、必ずしも法廷は広い意味での法曹というのは、必ずしも法廷

業務に携わらない人たちがいるわけでございまして、それを養成するための専門職能教育としてのロースクールであってほしいと考えているわけです。その中でリティゲーターとしてやるべき方は研修所でも何でも行っていただければいいわけでございまして、それを終えないとアトーニーになれないということですと、非常に現実のニーズが広がっている法曹ということですと、こちらの方でお考えになっているリティゲーターとの間のギャップが開き過ぎているのではないかと思います。是非とも研修所のあり方の議論をリティゲーターの養成ということの前提というか、括弧付きでしていただいて、それ以外の法曹の道というものをもっとロースクールで完結できるような養成を考えていただければと思います。

斎藤 さて、検討会議というのがいま行われておりまして、壇上のパネリストの中では田中さんと川端さんが参加されているわけです。文部省の合田さんの方にお聞きしたいと思いますけれども、検討会議は大体どのように進んで、どの程度のところが議論されているわけでしょうか。

8 検討会議の進行状況

合田 ご案内のように、五月末にスタートいたしまして、非常に精力的にご議論いただいておりまして、審議会の方から は九月までに答えを出すようにということでありますけれど

も、途中段階でも随時報告をするようにというご注文もいただいております。審議会の方が八月の七、八、九日で集中審議されるということでございまして、その初日の七日にこの問題が取り上げられるということでございますので、七日には中間的なご報告ができるようにとりまとめをしていただけたらというふうに思っております。

斎藤 田中さん、補足をお願いできますでしょうか。

田中 検討会議の状況について先ほど川端委員が、少し批判的なことを申されましたが、大学側としては、現にこれだけ多数の大学が参入の意向を表明しており、その中身はかなりバラバラだという現状のもとで、そういったいろんな案が審議会の示された基本的な考え方や留意事項に合うかどうかということを踏まえながら検討してきているのが実情です。先ほどの第1部で議論があったところはやはり皆それ相応の検討をしてきているわけでして、そろそろ意見の対立がある点、あるいは一致が見られる点を整理して、折り合いをつける方向をさぐっている段階です。こういうシンポジウムがあって、また対立点が鮮明に浮彫りになったという面もあり、これからまたたいへんだということも事実ですけれども、しかしやはり現にいろんな意見があることは事実です。できるだけ多くの大学が、大学以外で参入されるところがあれば、もちろんそういったところも含めて、審議会の示され

た方針のもとで参入できるような制度設計にしたいという形で検討しているところでございます。

そして、五大学に都合がいい案が出るのではないかと宮澤さんがおっしゃいましたけれども、これは協力者としては非常に不本意でして、私も以前の自分の見解には固執せずにさまざまの異なる見解の調整につとめているわけでございまして、検討会議に出てきていらっしゃる先生方もそれぞれ各大学の立場とは違って、現に多様な意見があるんだという前提のもとで検討しているわけでございます。半分冗談で、第一次世界大戦後、ウィルソン大統領が主導して国際連盟をつくった、アメリカは国際連盟に加わらなかったという話がありますけれども、我々も検討結果を大学へ持って帰ればそういうことになるんじゃないかということを恐れているぐらいのことをやっております。いずれの大学にとりましても、いろいろ都合のよいことをおっしゃっていますけれども、そんな甘い条件では参入できない、大学関係者の中で議論をしているのと非常に違った状況で、非常に厳しい条件を突きつけられているということはご認識いただきたいと思っております。

斎藤 尊敬する田中さんのおっしゃることでありますけれども、少し絡みますと、まず検討会議というのはだれが五大学を協力者にしたのであろうか。例えば第1部で今日議論したような、非常に多様な北から南からの意見を、協力者として

も入れるべきであったのではないかというのが一つです。それにはきっと反論が付いてきて、「法学部長にアンケートをとりました」ということだと思います。「法学部長から来たアンケートというのがすべてまとめの中にちゃんと、これが多数だ、これが少数だということを言わずにちゃんとまとめに入っていくというようなことはできているのかという気がするんです。答えにくかったら答えにくいんですが、合田さん、いかがでしょうか。

合田 答えにくいところを省略して言うと、最終的には文部省が責任を負わざるを得ない事柄だというふうに思います。
 ただ、文部省は、この会議に関しましては非常に妙な立場でありまして、事務局でありながら、私どもの審議官が協力者として入っている。したがって、文部省の考えを検討するために、検討していただいているけれども、しかし、文部省は一員でしかない。出来上がったものは審議会でもありまして、その結果を文部省がどう受け止めるかということについては、さてうちの審議官が協力者として申し上げたことがすべておそらく今回の検討会議のまとめの中にご報告申し上げるという、何かメッセンジャーみたいな立場でもありますから、どうしたらいいものに盛り込まれるわけでもないでしょうから、どうしたらいいものかいまちょっと苦慮している面もなきにしもあらずであるということをつけ加えさせていただきます。

斎藤 もう少し聞きづらいことを申しますが、いまそういうふうなことをおっしゃいましたので、本当の事務局は法務省ではないかという説も巷間ございます。太田さん、その辺の検討会議についてはいかがでしょうか。

太田 先ほどの五大学中心云々というご批判は、誤解だと思います。私ども法務省もあくまで協力者の一員として参加しているわけです。そのため、私どもはいろいろな機会に、多くの方々とお話して、多くの方々の意見を吸収しようと努力しております。国会議員であれ、法曹のOBであれ、組織の中で、いわば一人一人の方が、今般の法曹養成制度改革の問題は、まさに抜本的な構造改革である立場にはなく、個人的見解を含めて申し上げるのですが、度改革の構想について、法務省としての考え方をいま申し上げているわけです。私ども法務省もあくまで協力者の一員として参加しているわけです。そのため、私どもはいろいろな機会に、多くの方とお話して、多くの方々の意見を吸収しようと努力しております。国会議員であれ、法曹のOBであれ、組織の中で、いわば一人一人の方が、人生の思い入れとでもいうべき意見や関心を強くもっておられることを肌で感じております。例えばシベリアに抑留された後、引き揚げ、検察事務官として働きながら、夜間の大学へ行って司法試験に合格し、最後は検事長にまでなられた先輩もおられます。多くの方々と話していると、法科大学院構想については、ネガティブな反応を含めて多様な意見があります。また、私どもは、各大学で行われているシンポジウムには、声さえかけられれば、必ず、北から南まですべて参加し、最後のレセプションまで残って、各大学の先生方と酒を

酌み交わしながら、真剣に耳を傾け、意見を交換していますが、そのようなことを通じて、私どもは、本当にこのような法曹養成制度の構造的改革は、後顧の憂いを残すようなものであってはならないという気持ちで、慎重かつ活発な議論や検討をしているわけです。ですから、文部省の会議についても、このような気持ちで臨んでおりますし、他の委員の方もおそらく同じような路線で議論が進むということは、私は確信しております。

9 法学部とロースクールとの関係

斎藤 ここで、先ほど予告いたしましたように、パネリストお一人三分しゃべっていただいて、北村委員には五分しゃべっていただいて、川端さんには五分まとめていただきたいと思います。今度は柳田さんから順番にいきたいと思いますので、よろしくお願いします。

柳田 私がいま一番懸念していることは、法学部における法学教育はどのようなものとなるのかということです。法学部の上にロースクールができて、法学専門教育を行うということになりますと、そこで一体法学部はどういう役割を持つことについて非常に懸念しております。
　いまのところは、法的素養を備えたジェネラリストの養成ということが言われています。これは社会的にも大きな役割も果たしてきたし、いまもそうなんだということです。それはそれでいいんですけれども、一体この法学部をロースクールの専門教育と連結し、一貫教育とし、あるいは何らかの形で結んで、法学部でもロースクールにつながる法学教育を行おうとした場合に大きな問題があると思いますので、法学部での法学教育をロースクールのそれと結びつけることになれば、法学部においても法学について専門教育を行うしかない。ところが大多数の学生にとっては専門教育なんかいらないわけです。要するにジェネラリストとして必要な法的素養ですから、それは社会における法の基本的仕組みと、その作用がどのようなものかということを理解すればそれでよい程度のことだと思います。それなのに専門教育を行うとなると、法学部の一般の学生たちはそっぽを向く。いまと同様に、あるいはそれ以上に法律嫌いの学生を産むことになると思うんです。ところが、このような弊害を防ぐためにジェネラリストの教育にとどめる。しかし、ロースクールに結びつけるということになりますと、いまと同じに、ロースクールの ジェネラリスト教育との間にギャップが生ずる。そのギャップをだれが埋めるのかということになって、自分で勉強するしかない。自分で勉強もたいへんだから予備校へ行こうかという話になって、一体改革がどこまで実を結ぶのかということについて非常に懸念しております。
　それと同時に、以上の問題の反面のことなんですけれども、現在の法学部はジェネラリストの養成としても成功していな

いということが一般的な認識だと思います。それに対して大学側は一体どういう改革をなさろうとしているのか、その姿が見えてこない。もしこのままだとすれば、ロースクールのためにジェネラリスト教育の大多数の学生が犠牲者になってしまうのではないか。

合田 そのご心配は私も全く同感であります。ただ、この分野に限らずもう少し広い視野で考えていていただきますと、一般的に社会科学系は学問と職業とのインターフェースが非常に悪いというのが日本の大学の特徴と言ってもいいという ふうに思います。例えば卑近な例でいいますと、学習障害、ラーニング・ディサビリティというのがあるのはご存じだと思いますけれども、アメリカで一九六〇年代の初頭に研究者によって提起された問題なんですけれども、一九八〇年代の初頭にアメリカでそれが実務界とのいろんなやり取りの中で、おそらくそれよりも一〇年遅れて現場に入ってくるというような状況になっています。

これには二つ問題があって、大学からそういう新しい実務に関するコンセプトが出てこないという大学の学問の問題が一つある。

もう一つは、実務の場が先輩が後輩を徒弟制的に教えるという、例えば教員について言えば、学校現場ではそういう色合いが非常に強い。その結果として、大学の場でそういう新しいコンセプトが導入されてもなかなか現場に根付いていかない。そのために非常に時間がかかってしまうということがあって、このインターフェースをこのままにしておくと、かつてそういう知的な意味でのイノベーションのレベルが非常に低い、世の中がゆっくり動いていた、余り変わってなかった時代はそれで済んだかもしれませんが、いまみたいに非常にどんどんどんどん新しい問題が生じ、新しい提案がされるという中では、それではついていけない。それをこのまま放っておくわけにはいかない。そういう一般論の中でこの問題も考えていく必要もあるのかなと思っております。

それとの関係で学部教育が問題になるというのもご指摘のとおりだと思っておりまして、この点について一点だけ申し上げますと、いわゆるリベラルアーツ型の教養重視型の学部教育というのは、専門性のない、ただバラエティに富んだ中身を勉強するという意味合いではない。リベラルアーツ型の学部教育というのはそれぞれがそれなりに自分の専攻分野を決めて、あるいは場合によっては、その主専攻のほかに副専攻を持って卒業していくという意味合いでありますから、そし て卒業していく。いろんな分野の専門を持っていま国民会議でも、今日、久保井会長の方からもご紹介がありましたが、教育改革国民会議もそうですが、大学審議会でもそういうリベラルアーツ型の学部教育を前提として、しかもそういう職業大学院に進むといったような学校制度といったもの

を考えたらどうだという議論がされているということであります。

太田 時間も限られて、詳しく申せませんが、法科大学院と法学部との関係というのが、特にこの川端試案における一つの大きなポイントだと思います。法科大学院構想は、二一世紀国際社会において欧米のビッグローファームにも太刀打ちできる弁護士を中心とした法曹を養成しなければいけないという要請と、日本各地の小さな町でホームローヤーとして市民のために尽くす法律家も多数確保しなければいけない。いわばそういった多様な要請をどう調和させて満たせていくかということだと思うんです。漠然とした言い方でありますが、私の個人的なイメージでは、やはり富士山的ロースクールではなくて八ヶ岳的ロースクールなんだろう。また多様性のある大規模、中規模、小規模と、ロースクールにもいろいろ個性があっていいんだろうと思います。すべての分野を網羅できるところばかりとは限りませんから、それぞれのロースクールの個性が輝くものであってよく、むしろ望ましいものと思います。

もう一つは、本当に難しいのは司法試験の受験資格の問題でありまして、ロースクールの理想・理念を非常に強く追求して、実務教育も大幅に取り込むということになると、いろいろなやむを得ない事情でロースクールに行けない人の法曹参入への道を相関関係において閉ざす方向になってしまうんです。ここが難しい問題だろうと思います。そういった意味で、ロースクールの理念を追求すればするほど、あるべき法曹養成制度の中核なのだから受験資格はその修了者に限定すべきだという発想につながるんですが、この点がやはり議論を十分尽くすべきだと思います。やはり何らかのバイパスないし風穴というものを開けておく必要はないのか。ゴルフでもフェアウェーのど真ん中ばかり行く人もいいかもしれないけれども、第一打をOBしたり、ラフに打ち込んでも華麗なるリカバーショットでグリーンに乗せる人もやはりあっても良いでしょう。そういった関係から、とくに司法試験との関係においては徹底的な議論を尽くす必要があるだろうと思っております。

加藤 三点申し上げます。

第一は、ロースクールができた場合に司法研修所教育を全く変えないでいいという主張をしているわけでは全然ありません。第1部で高橋教授が言われたように、ロースクールが出来れば司法研修所教育も変容することは予見しています。阿部さんが指摘されたことの関係で言えば、司法研修所教育は裁判実務の教育訓練に純化していくという方向が必要だろうと思っています。その意味で須網先生が言われるように予防法務を法科大学院でやっていただくのは大歓迎で、実務に関する理論教育としても要件事実の基礎、あるいは事実認定の基礎なども一定の条件が整えば法科大学院でできるし、

それは期待したいと思います。

私が言っているのは、前期、後期でやっているようないわゆる白表紙に基づく実務教育訓練は、集合教育に任せていただいた方がよろしいのではないかということです。また、リーガルクリニックをしていただくのも、実務の香りを嗅ぐという意味では反対ではありませんけれども、それで実務修習に代わりますよという野心を起こしていただきたくないということであります。

第二に、それでは研修所教育はそんなにいいのか、画一的で批判的精神を植え付けない教育をしているんではないかという声があります。しかし、それはしていません。川端試案がその生きた例です。これは司法研修所廃止論を唱えていました。東京大学出身者が慶応大廃止論を唱えるでしょうか。慶応大学出身者が東大廃止論を唱えるでしょうか。しかし、司法研修所出身者は司法研修所廃止論を唱えるわけです。この自由さ、この柔軟さはわれわれは、司法研修所教育は成功しているという生きた証だと思います。われわれは、司法研修所が成功した結果、それがなくなるという歴史の皮肉を味わうことになるのかもしれません。

第三の、しかし、それでいいのでしょうか。一つの国の責任を持った法曹養成制度というものは、質の水準の平準化、これが必須不可欠だと思います。ですから、本当の意味でこれを我々は期待したいと思います。法科大学院ではいろいろな地域に置かれた法科大学院でいろいろな多様な教育をする。いろいろな多様な教育をする。しかし、最後はいう枠組みが必要なんだろうか、こういう視点も忘れていた理論レベルも上がっていく。それを実現するためには、どう実務と理論が統合、融合されて、学問も発展するし、実務のさにもつながる可能性があります。本当の意味での交流が十分に是非考えていただけないかと思うわけです。両者の観点からも是非考えていただけないかと思うわけです。層のあり方、これをそのまま固定していってよいのかという成しているという、それぞれ独自のアイデンティティを形究者が分かれていて、日本の現在の、広い意味で言えば法律家ですけれども、いま申し上げたように、実務家と研いかと思います。それは一面では事実であるわけなができるのかという感情が非常に強く存在しているのではども、実務をやっていない大学の先生に本当に法曹養成教育これは裁判官、検察官、弁護士を問わずだと思うのですけれう問題意識が常にあるからなんです。実務家の方の中には、を克服して解消していかなければいけないのではないかとい普通言われている現象があるわけですけれども、やはりそれと、実務家と研究者、また実務と理論、この分断とか乖離がさっきなぜあのようなお話をさせていただいたかということとそれほど距離は遠くなかったんだなと思いました。私

須網 いま、加藤さんのお話をお聞きして、私が考えていた

司法研修所で質の平準化を図る、これが一国の責任の持てる制度設計ではないでしょうか。

阿部　整理して申し上げますと、私どもが考えておりますロースクールというのは、法廷業務に限らず幅広い意味での法曹、国民の権利を擁護して、法律というツールを使って社会をよくマネージメントできる職能としての法曹を質的にも量的にも国民のニーズに合うだけ生み出していくための仕組みであってほしいということでございます。その上で法廷活動ということを考えますと、それは当然何らかの形の実務的な訓練が必要でございましょうし、それがいまの研修所がいいのか、あるいは研修弁護士のような制度がいいのか何か考えていただければいいというのが一点でございます。

それから、学部教育について一言だけ申し上げますと、何も経済学部を出た人間が経済をわかっていると思っているわけでもございませんので、それほど気になさらなくていいんではないかと思っております。法学部を出たから法律がわかるとは、私ども企業側は決して思っていませんが、少なくてもいろいろなリベラルアーツの中の一つとして法律学というものが、きちんとした、歴史も伝統もあり、これからも有意義なものであるように学部教育というものを考えていければと思っております。

田中　最初に柳田弁護士が指摘された問題、法学部をどうするかということは、法科大学院の問題を検討する場合に非常に重要な問題でして、シンポジウムの最初に久保井会長が触れられました教育会議国民会議の第三部会に私も関与しておりまして、やはり大きな問題はここにあるんです。柳田弁護士は、ロースクールというプロフェッショナル教育の充実という問題と、教養重視という二つの問題を同時に指摘していらっしゃるわけですけれども、どちらも現代の高等教育の中で非常にネックになっている問題です。ただ、一つ、学部教育はリベラルアーツ中心にやっていくというのは、あれもこれも必ずしもそうじゃなくして、いまの総花的な、法学部で専門基礎教育をきちんとやることも重要でして、これは法学部でも、法学だけではなくてダブル専攻とかという形でいろいろ多様性を持たすことができるわけです。何かいまの議論を見ていますと、学部で法学を学んだからもう何となく偏っているんだというふうな議論になっておりますけれども、教養がないんだというよりも、大学の学生を見ると、いろんな学部の中で法学部の学生というのは比較的常識のある学生だということを、他学部から受け入れればそれで多様化するというものではないんだということです。

それからもう一つは、これは司法試験と大学の法学教育の問題に集約的に表われているわけですけれども、やはり大きな問題は、試験と教育という問題がありまして、大学が司法試験に合わせて受験教育をやらないから教育に熱心でないとい

うのは非常に短絡的な発想で、こういう考え方が大学教育だけではなくして、いまの日本の社会の教育システム全部を弱めているということです。試験というのはやはりある程度の共通のバックグラウンドのある学識や倫理を身につけた母体にした上で選抜を行うべきもので、試験ですべてが判定できるというのは、これは非常に貧弱な発想です。日本の場合、試験だけが非常に突出しているという、いわば試験文化が日本の教育体制全体を毒しているんです。ですから、法曹の資質に対していろいろ批判されていることが、ロースクールですべて解消できるという問題では決してないです。初等中等教育から高等教育、それからやはり司法試験を受かった後の法曹の継続教育という問題も重要でして、すべてが大学に責任があるわけではないという感じがいたします。

いずれにしましても、議論を見ていますと、大学にしろ法曹三者にしろ、それぞれ強みと弱みがあるわけでして、お互いに弱みを批判して、それはできないじゃないかというにいがみ合っていても仕方ない。やはり質の良い法曹を計画的に多数養成していくということは、法曹人口が、単に国際化とか専門化というだけではなくして、基本的に日常的な人権擁護や社会正義の実現にも足らないことははっきりしているという状況のなかで、そういう社会的なニーズに応えるためにも大学が応分の役割を果たさなければならないことです。しかし、大学もそう簡単にロースクールはできると考えておりません。大学としては非常に重大な決意で臨まなければなら

ず、いろいろ各大学が言っているように大学に都合のよい案ではとてもできないということを十分自覚して、我々も反省すべきところはもちろん反省し、できるだけよいロースクールをつくりたいと考えています。しかし、社会的には、大学も法曹も、冷たい厳しい目で見られているというのが現実です。そのあたりは、第１部で最初に司法制度改革審議会の高木剛委員がおっしゃいましたような意見が大学や法曹界に対する全般的な見方だという中で、社会的な理解と支持が得られるような案を作り上げなければならないので、内部的な都合で若干の手直し的なことだけやるのでは、新しい改革にはとてもつながらないと思っております。

北村 司法制度改革審議会の委員になりましてから非常に感じるところがございます。というのはどういうことかと言いますと、ちょっとロースクールの問題とは外れてしまうんですけれども、この前に総理官邸で刑事司法のあり方ということを論じました。そのときに法曹三者の方が出てきていらっしゃって、ヒアリングをしたわけなんです。そこで、いまの刑事裁判は非常にスピードがないというような話になりまして、そうしますと、検察庁の方は「弁護士が遅い」とか、それからあと、「検察庁が遅い」、弁護士の方は「検察庁が遅い」とか、「資料を出さないから遅いんだ」、「資料を出したらマスコミに流れるじゃないか」とか、何か

そういう話になりまして、法曹三者ではない、また大学で法律を教えているわけでもない私などから見ますと、非常におもしろい光景を目にしたということなんです。つまり、非常に高い地位におられる方々がそのときの子ども状態で喧嘩をしていらっしゃるというのがそのときの私の感想なんです。やはり子どもの喧嘩が入るのはどうも具合が悪いのはどうも具合が悪いだろうということで私は黙って見ていたんですけれども、やはり法曹三者の方はもう少し大人になられたらいかがなのかなと。そうしますと、これがもし決まっていたら、もっと前から改革ができたでしょうし、日本の司法制度というものもっと違った形になっていたのではないか。しかも専門家が集まっていたのになぜできなかったのか。何でいままでなかなかできなかったのかに思われるんですね。特に法曹三者の間で非常に大人に決まらないことがあります。そうしますと、これがもし決まっていたら、もっと前から改革ができたでしょうし、日本の司法制度というものもっと違った形になっていたのではないか。

したがいまして、このロースクールの問題にいたしましても、やはりもうちょっと大人になって、譲歩していただいて、それぞれの言い分は言い分で言い合う、それからお互いのことを認め合う。当たり前のことですけれども、そういう形だって、調停だとかいろいろやっていらっしゃるわけですよ。ご自分の方の調停もまずやっていただきたいなというような感じを受けたわけなんです。それで、希望といたしましては、このロースクールというのが日本型というふうにな

っております。私はアメリカのものをそのまま入れるような形ではやはりまずいんだろう。日本型ロースクールと言ったときの日本型に一体どういう意味内容がそこに入ってくるのかということが非常に関心が深いところなんです。

今日いろいろと長時間にわたりまして意見を伺いまして、私もあんまりわからないままに何とか、こういうことが考えられているのかということがわかってまいりました。したがいまして、それを今度は司法制度改革審議会でロースクール問題が取り上げられましたときに、いろいろと申し上げることができればいいなと、こういうふうに思っております。私としては非常に勉強になりました。どうもありがとうございました。

斎藤　最後に、川端さん、よろしくお願いします。まとめの発言です。

10　質の良い法曹をつくるために協力を

川端　あまりまとめにならないと思いますけれども、初めに加藤判事の冗談に真面目に応えようと思います。私は司法研修所の失敗例でありまして、そもそも研修所に入った当時から、何で弁護士志望の私がこんな裁判官教育を受けなければならないんだろう、しかもこれは結局、裁判官が裁判しやすいように弁護士の仕事のしかたを均一に揃える装置ではない

かと思っていた悪い生徒ですので、決して成功例ではありません。しかもそのまま弁護士を三〇年間やってまして、公害、薬害、医療過誤というような問題で、いわば被害者と一緒に苦しんだ経験から、やはり研修所において日本の法曹が余りにも均質的に形作られているということ自体が問題ではないかということをいまは強く意識しています。この間の司法制度改革審議会主催の東京公聴会（七月二四日）でも医療過誤の被害者の方が、いかに自分が当然勝てると思っている裁判人を含めてそういう法曹を生み出しているのがいまの研修所教育ではないかと思います。

したがって、少なくとも法曹三者がもっとこの研修所の問題についてきちんと考える必要があるだろうと思います。

それから、今回の法曹養成の改革は非常に大きな改革が予定されているわけでありますから、その基本は、まず理想的な姿をしっかりと描いて、理想的な姿に到達するまでの過渡期の問題はその次にきちんと考えるという、その二つをきちんと区分けすることではないかと思います。大学法学部が現在あるということがいろいろな問題をかえって難しくしているわけですけれども、法学部の現在の姿を前提にどうしようかというような形で制度設計するのは間違いだと思います。その場合、大学、大学が変わらなければならないと同時に、弁護士の側も変わらなければならないというのは、これ

は当然のことでありまして、双方が自己改革して相互協力する。よく話し合うことがこれから一番大事なのではないかと思います。第1部で一番私が感銘を受けたのは、九州大学と福岡県弁護士会の例でありますけれども、こういう対応は実は地方であるからこそ可能なんであります。地方には一つの弁護士会と中核的な大学が一つしかないというところが多いので、そこが話し合いを始めるということは実は簡単なのであります。これが大きな都市になりますとなかなかそうはいかない。私は京都の日弁連の理事の方に、どうして京都大学と話し合わないのと聞いたら、「おれたちはナショナルロースクールをつくるんだから、ローカルバーは相手にしない」と言われたと言っておりました。そういう問題がありますので、まず地方から理想的なロースクールをつくっていき、その地方の理想的なロースクールが都会を包囲するという、そういう姿を思い描くのが正しいのではないかと思います。

いずれにせよ、田中先生が言われましたとおり、より質の良い法曹をつくる、そのための制度を設計するというのが私たちが考えていることであります。その共通の目的に向けてこれからも一緒に協力していきたいと思いますので、どうかよろしくお願いいたします。

斎藤 パネリストの皆さん、短い時間で申し訳ありませんでした。本当にご協力ありがとうございました。

　　　　　ター委員会意見書）

岡山大学案…ロースクール設置準備室「ロースクール構想と地方大学法学部・法学系大学院の役割」
　　　　　（1999年10月16日「地方における法学教育の新しい展開」シンポジウムにおける配付資料）

金沢大学案…「金沢大学法学部・大学院法学研究科における法学教育の将来構想（骨子）」2000年2月26日「地方における法学教育の将来構想」シンポジウムにおけるワーキング・グループ報告）

青山学院大学案…「連合ロースクールについて―検討結果の報告」（2000年5月20日「連合ロー・スクール合同検討会」における配付資料）
　　　　　　　　　　（→ジュリスト（有斐閣）1182号119頁参照）

大東文化大学案…小野幸二教授「連携・連合型法科大学院の構想」（2000年6月26日「21世紀の法曹養成教育」第1回シンポジウムにおける報告）
　　　　　　　伊藤滋夫教授「法科大学院における実務的教育」（同上）（→判例時報（判例時報社）1713号3頁参照）

育・法曹養成―米独仏比較のなかで、この国のかたちを公論する―」シンポジウムにおける基調報告）

関西学院大学案…「関西学院大学法科大学院（仮称）構想」（2000年5月27日「日本型ロースクール構想と法学教育」シンポジウムにおけるワーキング・グループ試案）

新潟大学案…「法科大学院構想と学部教育の再構築試案」（2000年5月27日「高度専門職業人としての法律家養成と法学教育―地域におけるリーガル・サービスの充実に向けて―」シンポジウムにおける配付資料）

北海道大学案…「21世紀の新たな法曹養成制度と法学教育の構築を目指して」（2000年6月3日「21世紀の新たな法曹養成制度と法学教育の構築を目指して」シンポジウムにおけるワーキング・グループ案）

（→ジュリスト（有斐閣）1181号93頁参照）

香川大学案…「香川大学法科大学院構想試案」（2000年6月14日香川大学法学部ロースクール設置作業部会資料）

創価大学案…「創価大学の志向する法科大学院構想」（2000年6月17日創価大学法学部開設30周年記念シンポジウム「法科大学院構想と法学部教育」におけるロースクール検討委員会試案）

立教大学案…「立教大学法学部学部・大学院改革具体化委員会WG中間報告」（2000年6月24日「法学部教育と法曹養成の連続と不連続」シンポジウムにおけるワーキング・グループ報告）

（→ジュリスト（有斐閣）1184号155頁参照）

島根大学案…「島根大学法科大学院（ロー・スクール）構想」（2000年6月28日島根大学法文学部法学科）

明治学院大学案…「明治学院大学ロースクール構想報告書」（2000年7月1日「中規模法科大学院における特色ある法曹養成教育」シンポジウムにおけるロースクール構想検討委員会報告）

龍谷大学案…「龍谷大学法科大学院構想」（2000年7月8日「法へのアクセス」シンポジウムにおけるロースクール構想部会報告）

慶應義塾大学案…「慶應義塾における21世紀の法学教育」（2000年7月15日法科大学院構想シンポジウムにおけるシンポジウム実行委員会試案）

（→ジュリスト（有斐閣）1185号143頁参照）

鹿児島大学案…「鹿児島大学ヴィジョン」（2000年7月15日「地域における法の担い手の将来像」シンポジウムにおけるワーキング・グループ基調報告）

獨協大学案…「獨協大学法学部とロースクール」（2000年7月22日「法学教育とロースクール構想」シンポジウムにおける堅田剛学部長基調報告）

琉球大学案…「法科大学院―開かれた法科大学院を―」（2000年7月29日「沖縄における法曹養成と法科大学院」シンポジウムにおける配付資料）

久留米大学案…「法科大学院構想について」（2000年7月31日久留米大学法学部法科大学院構想検討委員会意見書）

東海大学案…「法科大学院設立に関する構想」（2000年9月30日「21世紀の法学教育と法科大学院構想」シンポジウムにおける報告）

第二東京弁護士会案…「法科大学院（ロースクール）問題に関する提言」（1999年10月12日）

（→ジュリスト（有斐閣）1172号179頁参照）

大阪弁護士会案…「ロースクール構想についての中間意見書」（1999年11月2日）

東京弁護士会案…「新しい法曹養成制度の構築（ロースクールについての中間意見書）」（2000年3月21日）

横浜弁護士会案…「意見書」（日本弁護士連合会会長宛て）（2000年3月2日）

第一東京弁護士会案…「法曹養成制度改革試案―法科大学院問題に関する提言―」（2000年5月23日）

川端和治弁護士案…「法科大学院構想に関する一試案」（2000年7月29日「日本型ロースクール」シンポジウム（日本弁護士連合会主催）における配付資料）

広島弁護士会案…「広島法科大学院構想について」（2000年7月24日広島弁護士会司法改革推進セン

80

　　　　　　　（有斐閣、1999年）
東京大学案…「法曹養成と法学教育―法学部・法科大学院の果たすべき役割―」（1999年9月20日「法曹養成と法学教育」シンポジウムにおけるディスカッション・ペーパー）
　　　　　　　（→ジュリスト（有斐閣）1168号16頁参照）
神戸大学案…「法科大学院の創造」（1999年9月26日「近未来の法曹養成における大学の役割」シンポジウムにおける磯村保教授・中川丈久教授のレジュメ）
　　　　　　　（→ジュリスト（有斐閣）1168号58頁参照）
　　　　　　　宮澤節生教授「法科大学院に関する田中案・東大案・神大案の比較検討」月刊司法改革（現代人文社）3・4号
九州大学案…「法科大学院構想と法曹養成教育の再構築」（1999年12月13日「大学教育と法律実務家養成に関する連続シンポジウム（第3回）」におけるワーキング・グループ案）
一橋大学案…「一橋大学の法曹養成教育に関する構想（ワーキング・グループ案）」（1999年11月6日「法科大学院による法曹養成教育」シンポジウムにおける基調報告）
広島大学案…平野敏彦教授「これまでの法学教育―現状分析とその対応―」及び阪本昌成教授「これからの法学教育―多元的競争モデル―」（1999年12月4日「21世紀の法学教育を考える―法科大学院構想と法学教育―」シンポジウムにおける基調報告）
熊本大学案…「連携法科大学院における教育構想」（1999年12月4日「地方における法科大学院の必要性」シンポジウムにおける配付資料）
明治大学案…「明大の法曹養成教育と法科大学院構想の骨子について」（2000年1月8日「法科大学院構想に関する公開講演会」における伊藤進法学研究科委員長概要説明）
　　　　　　　（→ジュリスト（有斐閣）1173号165頁参照）
上智大学案…小林秀之教授「実現可能でメリットの大きい法科大学院を」及び酒巻匡教授「法科大学院における教育内容と教育方法」（2000年1月22日「21世紀における法曹教育―国際・環境・個性―」シンポジウムにおける講演資料）
　　　　　　　（→ジュリスト（有斐閣）1173号159・153頁参照）
早稲田大学案…「私立大学における法学教育と法曹養成」（2000年1月23日「私立大学における法学教育と法曹養成」シンポジウムにおけるワーキング・グループ試案）
　　　　　　　（→ＮＢＬ（商事法務研究会）684号68頁参照）
立命館大学案…市川正人教授「立命館大学からの提言―京都法政学校から立命館京都法科大学院へ」（2000年1月30日「『21世紀の法曹養成』連続シンポジウム（第1回）」における配付資料）
　　　　　　　立命館大学法学部法科大学院構想委員会「『立命館京都法科大学院』（仮称）構想（第2次案）」（2000年4月）
　　　　　　　（→ジュリスト（有斐閣）1180号109頁参照）
大阪市立大学案…「大阪市立大学ロー・スクール構想試案」「大阪市立大学ロー・スクール構想―その基本論点と考え方」（2000年2月大阪市立大学大学院将来計画検討委員会資料）
中央大学案…「法科大学院を通じた法曹養成のシステム構想」（2000年3月11日「21世紀に求められる法曹の養成と大学の役割」シンポジウムにおけるワーキング・グループ試案）
　　　　　　　（→ジュリスト（有斐閣）1178号127頁参照）
京都大学案…「法科大学院の設置について（骨子）」（2000年4月6日京都大学大学院法学研究科プロフェッショナル・スクール化問題検討ワーキンググループ資料）
名古屋大学案…「共生社会を支える法曹をめざして―自由・共生・創造―」（2000年4月14日「国際化の中の司法制度改革」シンポジウムにおける基調報告）
関西大学案…「法科大学院のあり方と関西大学法科大学院（仮称）構想」（2000年4月28日「法曹養成機関としての大学の責務」シンポジウムにおける配付資料）
　　　　　　　（→ジュリスト（有斐閣）1180号105頁参照）
法政大学案…「問題点の整理とワーキング・グループの考え方」（2000年5月14日「21世紀の法学教

らなければなしえず、大学において代替不可能であるというのが共通認識になりつつあり、そうなると、法律学の基礎的な素養の確実な養成、先端的な法分野の研究教育への要請にいかに応えていくかが法学教育改革の重要な課題となる。

<u>青山学院大学</u>では、連合ロースクールについて、そのメリットとデメリット、課題を以下のように指摘している。

＜メリット＞①単独で認定を受けることが困難な大学が、連合ロースクールの構成大学としての形でならば、ロースクールの設置基準を充足して認可を受けられる可能性がある（消極的利点）。
　　　　　②基礎的な専門分野はもとより、応用的・先端的な専門領域についても充実した科目の提供が可能となる（以下、積極的利点）。③単独ロースクール以上にスタッフの充実を図ることが可能となる。④必要な設備や学生サービス等の充実が期待できる。⑤構成大学における学部段階の基礎的科目のカリキュラムや成績評価等の共通化を容易に行うことができる。⑥構成大学間で学部等の単位互換や教員の相互講義等を含めた付随的な交流の発展が期待できる。⑦学生の多様性が期待できる。

＜デメリット＞①移動に要する時間的ロスや金銭的負担等が障害となりうる。②教員の負担が特定構成大学・特定科目に集中するおそれがありうる。

＜課題＞①既存の連合大学院としては「基幹大学方式」があるが、これに加えて、新しい形態として「対等連合方式」が認められる必要がある。②構成大学間で綿密に教育理念や運営方式等に関して協議し合意しておかなければ、当該連合ロースクールの学生には単なる構成大学の寄り合いロースクールになってしまい、学生が自分の所属する連合ロースクールに対してアイデンティティが持てなくなる可能性がある。③連合大学院に特有の事項（設立・組織運営・解消等）に関して今後一定の法的整備を図る必要がある。④財政負担の在り方をめぐる問題。

<u>大東文化大学</u>では、連携大学院及び連合大学院において、現行制度の概要とメリット・デメリットを見た上で、法科大学院構想との関係について検討するとともに、法科大学院における実務的教育に関し、その内容と必要の程度を検討すべく、以下の点を指摘している。

①実務と理論の関係について、従来は、実務と学説における理論という、理論を実務の言わば外側に置いた形での対比がなされていたが、実務における理論という形での検討も必要である。②要件事実論にしても事実認定論にしても、その基本となる一般的考え方は、各個別事件毎に異なるものではなく、このような一般的考え方を、実務における理論と呼ぶことができる。③要件事実の基礎理論及び事実認定の基礎理論（実務的教育の理論的側面）については、適切な教材（基礎理論そのものを説明した教科書と具体的事例を豊富に収録した事例集）が完備すれば、法科大学院で教育を行うことが可能である。これに対し、基礎理論の実務への適用（実務的教育の実務的側面）については、法科大学院で教育を行うことは困難である。④実務的教育の理論的側面については、実務家としての経験が無い学者でも、実務に対する感覚を有し、関心を持って常日頃研究や体験の機会を得るべく努力していれば、担当することが可能である。（もとより、実務家経験があるに越したことはない。）これに対し、実務的教育の実務的側面については、実務家経験が無いと、授業を行うことは極めて困難である。⑤要するに、同じ実務に関係する法学教育であっても、その内容によっては法科大学院で教育することにさほど問題が無いものもあるし、極めて多くの困難な問題があるものもある。

（注４）主要参考文献
柳田幸男弁護士案…「日本の新しい法曹養成システム（上）（下）」ジュリスト（有斐閣）1127・1128号
　　　　　　　　　「ロースクール方式の構想について」ジュリスト（有斐閣）1160号
田中成明教授案…「法曹養成制度改革と大学の法学教育」京都大学法学部百周年記念論文集第１巻

(注1)　各大学・弁護士会とも、構想は機関決定を経た最終的なものではなく、ワーキング・グループ案や中間意見等として位置付けられている。（第二東京弁護士会案及び横浜弁護士会案を除く。）

(注2)　柳田幸男弁護士案、田中成明教授案については、その内容に逐次修正が加えられてきていることに留意する必要がある。比較表では、主として初期に発表された下記（注4）の論文を参照した。（その中でも、例えば、柳田幸男弁護士案の司法（実務）修習のように見解の変更がある。）

(注3)　比較表に掲げたもの以外にも様々な提言・意見が出されている。

　　　　例えば、岡山大学では、地方大学法学部・法学系大学院の視点から、以下の提言を行っている。
　　　　＜提言その1＞地域型ロースクールと特化型ロースクール
　　　　　……　ロースクールが全国にまんべんなく配置されるならば、それを各地方の法曹養成の拠点として整備することを通じて、司法サービスの質量の両面で地域差が生じている現下の傾向に歯止めがかかるであろう。単純に数や場所だけを議論するのは不適切で、むしろ重要なことは、養成すべき法曹の質であり、「地域に奉仕する法曹」「多様な目的に特化した法曹」という視点である。
　　　　＜提言その2＞改革の焦点―「科挙」的状況の克服―
　　　　　……　社会的経験はまったくなく、大学教育すら満足に受けずに予備校的「教育」だけを受けた法曹が我が国の社会にとってゆゆしい問題となりうる（なりつつある）との認識から、
　　　　　　①　ロースクール修了者のみに司法試験受験資格を認めるべきである。（奨学金制度の活用やロースクール入学資格への配慮は必要。）
　　　　　　②　法曹資格取得者数は大幅に増加するよう配慮すべきである。
　　　　　　③　さしあたり現行法学部のスタッフと相当数の非常勤実務家によって実施可能な教育内容・方法を早急に策定すべきである。
　　　　　　④　ロースクール設置予定の大学は、速やかに法学部の学生定員を削減し、量的にも質的にも大学院へ重点を移すべきである。

金沢大学では、ロースクール問題についての議論の動向をにらんで、金沢大学法学部・法学研究科の教育を再検討し、司法試験合格者を少なくとも毎年度10名程度輩出することを目標に据えて、学部教育におけるコースの再編や大学院教育におけるコース制の導入により、学部の法律実務コースと大学院の法曹コースを通じた6年一貫教育体制を確立して事実上の3・3制の導入を企図しつつ、以下の視点を指摘している。
　　○　現行司法試験合格者数の実績でロースクール設置を認めるとの考え方に対しては、批判の対象とされるべき司法試験予備校の教育実績ともいえる現在の合格者数の実績を基礎とすることは、予備校の影響を追認することになりかねず、また、首都圏・関西圏以外ではほとんどロースクールが認可されず、弁護士過疎地の解消には結びつかない、という批判があり得る。その意味で、岡山大学が打ち出した「地方型ロースクール構想」は注目に値する。
　　○　国立大学の場合、これが設置される大学をいわゆる大学院重点化された大学（旧7帝国大学＋旧2商科大学）に限るとなれば、これらの大学が設置されている、北海道・東北・関東・東海・関西・九州地区と、設置されていない北陸・中四国地区との間に、法曹養成教育へのアクセスの点で地域格差が生じるおそれがある。それぞれの地域に密着した法曹がそれぞれの地域において養成されることは、国民の法の保護を受ける可能性の平等化の観点からきわめて望ましいことである。
　　○　ロースクールを展開する大学院教育としては、「法曹三者」を中心にしつつも、もう少し拡大した形で公務員（法律職）や企業法務担当者をも視野に入れた教育が構想されるべきではないか、という意見も存在する。
　　○　法曹養成システムにおける大学と司法研修所の役割分担について、司法研修所における（要件事実論、事実認定などの）実務教育は、先輩法曹からの直接体験を通じた伝授によ

広島弁護士会案
法学部（4年） → 法科大学院（3年） → 司法試験 → 司法修習 → 法曹資格
広島大学出身者が他大学出身者より有利に扱われることがないのは当然 　法学部卒業生…①思考能力判定試験（LSATに準じたもの）②憲民刑等の筆記試験③学部成績 　他学部卒業生…①思考能力判定試験（LSATに準じたもの）②学部成績等
法科大学院で教育を受けたことが司法試験の受験資格となるのだから、充実した教育方法と豊富なカリキュラムが必要 　学者と実務家をセットにしたカリキュラムや、数人で担当する講座も検討されるべき 　3年次には各地の法律事務所や自治体での研修を行う 　各学年に進級するのに必要な単位数を設定する 　具体案は更に検討を重ね提案する
広島大学・その他の大学・広島弁護士会から広く人材を募集 　弁護士は週2日間法科大学院に専念すれば良い程度に専任性を緩和すべき 　裁判官や検察官から専任教授として2～3年出向するシステムも必要 　教員数は更に検討を重ね提案する
法科大学院2年次修了が受験資格 　合格ラインを初回受験者の6～7割が合格するラインに設定し、これに達する受験生は受験回数を問わず全て合格とする（全体の合格率は7～8割）
法科大学院3年次での研修単位修得を司法修習生となる資格とする 　法曹一元、大幅増員の下でも司法修習制度を存続させることは有意義 　要件事実教育は弁護士にも必要で、実務修習は職業倫理観の育成にも重要
基本クラスは30～40名程度、1学年の定員は80名 　全国に分散した適正配置が必要 　法曹三者の意見が十分反映できるシステムとする 　広島法科大学院を広島大学の組織の一つとして位置づけるが、同大学法学部とは独立した組織として運用 　設立準備委員会（広島大学・広島弁護士会・周辺大学から委員）を設置 　法科大学院、司法修習制度に十分な予算措置が取られるべき

	第一東京弁護士会案	川端和治弁護士案
基本的枠組み	法学部（4年） → 法科大学院（2〜3年） → 新司法試験 → 実務修習（1年） → 法曹資格 → 新規登録弁護士研修等	法学部（4年） → 法科大学院（3年） → 新司法試験 → 実務修習（1年） → 法曹資格
学部教育	これまでと同様にゼネラリスト養成も含め多様な役割、一方で新たな法曹養成制度の第一段階としての一翼を担う 単位の習得・進級・卒業はこれまで以上に厳しくする 教養課程2年＋専門課程2年	法科大学院の存在を前提に、学士課程教育全体の再検討の動向を受け、法的素養を中心としたリベラル・アーツ教育を行うなど、法科大学院とは別個の使命、目的、教育内容及び存在意義を有するものとして存続
大学院入学者選抜	大学卒業者以外にも受験資格を与える道を開く検定試験の是非を検討 大学での成績・活動を考慮、少人数制ディベートの採用等 全国統一試験を導入するか否かも検討すべき 個々の大学の優先枠は設けない	出願資格は幅広く平等に設定 LSAT型の適性試験を全出願者に 適性試験、成績・履修状況、社会的経験、推薦状等を総合的に評価 自大学法学部出身者に制度上・事実上優先的地位を与えることは認めない 他大学・他学部・社会人の一定割合以上の入学を要求する制度も考慮
カリキュラム	2年間（法学部以外の出身者は3年とし、最初の1年に法学を履修） 実務法曹養成の中心的機関としての位置付け 学者と実務家が協働し一体となって理論・実務の両面から多面的・体系的な教育を行う 単なる理論教育だけでなく実務志向型理論教育や実務教育も取り入れる 少人数教育、ケースメソッド、ソクラティックメソッドを積極的に導入 要件事実、模擬裁判、法律相談等 公益的活動、倫理教育、社会修習 進級・卒業には厳格なハードル	狭義の法曹を養成、弁護士養成を眼目 理論研究と実務教育の統合を基本理念 少人数教育、ケースメソッド、ソクラティックメソッド 厳格な成績評価、進級・修了認定 リサーチ・ペーパー 基本科目既修者には能力検定試験の上で科目履修免除（≠自動的年限短縮） 基礎の実定法科目（六法、行労等） 基礎的法曹実務（情報調査、文書作成、カウンセリング、交渉、ADR等） 法曹倫理 臨床経験科目（法律相談、エクスターンシップ） 民・刑事裁判実務演習 修了者の学位は法務博士（J.D.）
教育スタッフ	法科大学院の教員には、大学教員のほか、実務家や企業法務部関係者、国・地方の行政官等多様な人材を投入すべき	現在の大学教員に実務家を常勤・非常勤で加え、両者が協働 教員の実務研修、実務家の教員研修 非常勤でも時間講師の報酬とはせず、司法研修所教官程度の定額報酬 国立兼業規制、弁護士法30条撤廃
司法試験	法科大学院卒業を受験資格とする 法科大学院の教育の成果を試すものとして純粋な資格試験とすべき 回数制限の導入を検討	法科大学院修了を受験資格とする （現行試験は移行期間のみ存続） 純粋な資格試験とし、法科大学院教育内容と整合性（実施時期も修了後） 合格率7割程度、3回の回数制限
司法（実務）修習	現行の司法研修所における実務修習は、実務法曹の養成に大きな成果 実務修習は新機関の管轄で実施 弁護修習・裁判修習・検察修習・社会修習（行政や企業等） 修習修了時に法曹資格付与の認定	1年間の実務修習は弁護修習を中心に裁判・検察修習、社会修習等も行い、実施機関として弁護士会を中心として法曹三者で構成する機関を設ける 弁護士会は、法科大学院運営に積極的協力、実務修習の実施に主体的関与
設立形態・定員等	数及び定員は規制しない 少なくとも各高裁管内に設置 法科大学院・新司法試験・実務修習は同一の機関が管轄すべき システム全体を統括するため、法曹三者と大学（文部省）から構成される独立した第三者機関（「新機関」）を新たに設置（弁護士会も主体的な役割） 奨学金・学資貸与の充実 夜間法科大学院の設置等を検討	公正・開放・多様が基本理念 大学制度上の大学院 法曹三者・法科大学院代表者による法科大学院管理委員会が認可と監査 数年毎に認可基準充足度等を確認、是正勧告、認可取り消し 各高裁管内に最低1校、可能な限り2校以上を設置 社会が必要とする数の法曹が養成できるよう設立認可 学資援助、夜間制法科大学院等 国立大学補助、私学助成金の拡充

【資料5】各種の法科大学院構想の比較

東京弁護士会案	横浜弁護士会案
法学部（4年） →　法科大学院（2～3年） →　新司法試験 →　実務修習（1年） →　法曹資格 →　研修弁護士	ロースクール構想は、将来的な法曹養成の在り方として検討に値するが、直ちに実行に移すのは時期尚早 　ただ、全面的に否定し去ることはできず、将来の導入を見据えた検討がなされるべき
教養課程…一般教養習得に徹する 専門課程…教養としての法学（法哲学・法政策学等）を広く習得させるか、コース制を設けてある程度の法理論教育を行うか、更に検討が必要 学部とのエスカレーター式の抑制	大学が法曹養成への脱皮を指向する限り、まず大学教育の在り方を真摯にとらえ、法曹養成にふさわしいものに代えることが優先されるべき
全国一斉の統一試験（1次試験）を実施するが、2次試験の内容及び合否判定は各校の自由（参考：米国のLSAT）とし、他大学・他学部出身者の占める一定割合を義務付け 　統一試験合格者数は、時の法曹人口政策の観点から、ある程度の数に絞る 　マニュアル化しにくい出題の工夫	―――――
修業年数は、法学部出身者2年、他学部出身者3年（法理論補講期間1年） 進級留保や中退制度の導入も必要 法律必修科目（六法等） 法律選択科目（行政法、税法、労働法、破産法、国際法、知的財産法等） 外国語（英米法は必修） その他選択科目（法哲学、法社会学、社会政策、論理学、経済政策等） 実務科目（民事裁判、民事弁護、訴訟外紛争処理、刑事裁判、刑事弁護、模擬裁判、弁護士倫理等） （ソクラテスメソッド、ケースメソッド、ディベート等の方式も） 少人数によるゼミや演習	大学は、ロースクールの本格的実践に移る前に、まずは実務家を大量に受け入れ、事実認定や要件事実等の実務で前提とされている理論について十分な研究を行い、続いて研究者と実務家の共同作業でその批判的な再構成を行い、法理論化すべき 　地方都市在住の新人弁護士に要求されるのは、特殊な専門的知識能力ではなく、法律家としての基本的な交渉力、起案力、法廷での実務処理能力であり、特化された実務や活動に対応できる応用力や独習の能力である 　一般市民に身近な弁護士が飛躍的に増えアクセスを容易にすることも期待
教授陣を学者と実務家で構成し相互交流、実務家を大幅に登用 　→　学者が実務家の経験に触れて批判的検討がより実践的に、実務家が学者の見解を取り入れて理論を実践化 　→　兼任講師の報酬体系見直し等	教官の相当部分は実務家（実務を批判的に教えると言っても、実務の現状を背景も含めて十分理解している実務家なしには進まない）
法科大学院卒業生に受験資格 法科大学院で学んだ事項の到達度の確認→7～8割の合格が理想的 卒業後の新司法試験の滞留現象を回避する方策について要検討	ロースクール卒業生のみが受験資格を持つ新司法試験とは別に、誰でも受験可能な司法試験制度を将来にわたって存続させるべき
法曹実務教育機関として司法研修所を改革し、法曹三者・大学関係者で構成する新設の実務修習機関に移す 　前期修習は法科大学院へ、弁護士会研修6ヶ月、裁判所・検察庁各2ヶ月、後期修習は研修弁護士制度等に承継	実務教育としての現行の司法研修所（前後期修習）と各修習地でのオン・ザ・ジョブの実務修習の存続は不可欠 　現行司法研修所に弁護士会が積極的に関与して研修所の在り方を改善しながら、これを存続すべき
司法試験合格者を仮に1500名とすると、法科大学院卒業者は2000名 　1校の受入上限を200名程度とする 　設置認可は文部省と法務省の共管 　→　法曹三者と大学関係者で構成する審査会が審査して認定（cf.ABA） 　認定数は予め限定せず、審査会が基準を満たすと判断すれば全て認定 　適正な地域配置、複数大学の連合等 　私立大学への手厚い財政的援助 　奨学金、学生寮の完備	年間1500名を超える合格者を前提とする場合には、実務教育が困難となり、法曹の大幅な質的低下を招くことになるから、強く反対 　一部大都市の国立大学だけでなく、私立大学や地方大学でもロースクールを設立することが重要 　→　法曹の多様性確保、地域的偏在は是正 　　　私立大学には十分な国庫補助が必要

	第二東京弁護士会案	大阪弁護士会案
基本的枠組み	法学部（4年） → 法科大学院（2～3年） → 新司法試験 → 研修弁護士（2年） → 裁判官・検察官・弁護士	あるべき法曹養成制度の構築を目指すため、性急な結論を避け、大学関係者と法曹三者が別々に論じている現状を改め、ともに論ずる場を早急に設けるべき
学部教育	一般教養課目 法学関連課目（各実定法の体系、思想、重要事項、重要判例、その批判的視点の理解）	──────
大学院入学者選抜	法科大学院教員からなる法科大学院運営センターによる統一試験（入試課目は法学部の授業課目と一致） →合格者をどの大学院に振り分けるのか、本人の選択に任せるのかを検討 （特定法学部から特定大学院への進学者数に制限を設けるなどの措置） 社会人向けに夜間・通信のコース	現行司法試験で起きている好ましくない現象（ダブルスクール化、過度の受験浪人等）が起きない制度とすべき 当該大学法学部出身者が不当に優遇されることのない制度とすべき 他大学・学部卒業者が相当数確保され、かつ、入学後も不利に扱われない制度とすべき
カリキュラム	法曹三者、研究者、行政官、企業人等を広く対象とする単一のコース設定 ・実定法（六法、特別法） ・公共政策 ・法理学 ・外国法 ・法曹倫理 ・実務法学（新要件事実教育、判例文献調査法、紛争解決・交渉） ・臨床的教育（弁護実務研修、裁判所及び検察庁見学、無料法律相談）	家庭の事情や経済的事情等からロースクールに通学することが困難な者も法曹になり得る制度とすべき（現行司法試験制度との併存、夜学・通信、長期在学を想定したカリキュラム、奨学金制度の充実等） ロースクール内の考査方法については、「過程を重視しての選考」の制度が有効なものとして、かつ、公正で客観性をもったものとして構築されなければならない
教育スタッフ	弁護士会を中心とした実務家の積極的な関与が不可欠 弁護士が臨床的教育、法曹倫理、新要件事実教育等を行うために国立大学の常勤教官へ就任できるよう、弁護士法を改正	──────
司法試験	競争試験から真の資格試験へ 合格率は最低70％、80％が理想 新司法試験は弁護士会が実施主体 試験科目数の増加 短答、論述、口述	新司法試験について高い合格率のみを設定する現在の議論を改め、具体的提案に基づいて科目、試験方法、合格水準、管理の在り方等を議論すべき
司法（実務）修習	司法研修所を2006年に廃止 研修弁護士制度の創設…研修弁護士として2年間弁護士事務所に勤務するか弁護士会の指定する監督弁護士の指導の下に弁護士業務を実践しながら、弁護士会の研修を受ける	司法修習制度には重要な価値があるから、改革を加えた上で残すべき
設立形態・定員等	定数は、当面、2000名程度 2003年　法科大学院設置 2006年　司法研修所廃止 2008年　研修弁護士修了者が任官 2016年　判事補採用停止 奨学金制度の大幅拡充、私学助成の強化等が必要	ロースクールの設置は、その内容（教員数、教員学生比率、蔵書やコンピュータ等、司法試験合格実績、教員の教育能力）と社会の法的ニーズの状況等を考慮した、大学関係者のみならず法曹三者も関与して策定した基準によってなされるべき 設置後も法曹三者による評価を可能とすべき

東海大学案	岡山大学案
法学部（4年） →　法科大学院（2年） →　新司法試験 →　司法修習 →　法曹資格	法学部 →　法科大学院 →　司法試験 →　司法修習 →　法曹資格
法職・経営法・国際の3コース制 　法職コースは法律専門職を目指す学生を想定→法科大学院への進学を念頭に憲民刑の高度な講義（「基礎」とは別の「詳論」）→進学希望者に履修の義務づけも	学部教育の目的は、準スペシャリスト（公務員、準法曹）養成と法曹養成の基礎教育にある。ジェネラリスト養成では、法学部の独自性を維持できない。したがって、教養教育に関しては、法学部教育（専門教育）の視点からどのような教養教育が必要かを改めて問い直す必要がある。
東海大学法学部卒業生を優遇するのでなく、他大学法学部卒業生も公平かつ平等に選抜 　しかし他大学法学部からの受験者が多くなると、技術的には学部段階での成績と入学試験の成績とをどのような比率で考慮するかが難しい問題	──────
2年制のみの修業年限の制度が設置基準上許されるのであれば、標準修業年限は2年（学部教育で六法科目の基礎的知識を修得していることが前提） 　特色として3つの観点 　①総合科目教育の重視（事例・ケース、複数教員…公法・刑事法、ビジネス関連、市民・消費者関連、医療関連等） 　②学際的分野科目の充実 　③実務関連科目の充実（実習（フィールドワーク＝相談、実務研修等）を経済団体・企業、NGO等で幅広く行う） 　基本的には講義と演習（調査・リポート、ケース・メソッド等）が中心 　FD（ファカルティ・ディベロップメント）活動や教材開発への継続的努力	全国共通の一般の法曹養成カリキュラム。 　地域における法律問題を解決し、住み良い地域づくりに指導的役割を果たす人材養成のためのカリキュラム（「地域型ロースクール」の理念）。 　個性ある法曹養成のために、提供する選択科目等を特化（「特化型ロースクール」の理念）。
実務家教員を一定程度採用 　定員50名として10名の専任教員の他に、法曹実務家から、任期制教員、客員教員、非常勤教員として相当数の非専任教員を採用する必要	実務教育については非常勤等の配置を行い、高度の専門性・多様性・国際性についてはスタッフの充実により補う。
新司法試験が現行の司法試験に比べてどの程度のレベルになるのかはまだ明らかでないが、難易度にそれほど差異があるとは思われない	法改正し、法科大学院修了者のみに司法試験受験資格を認める。苦学力行型の受験生に対する配慮は、奨学金制度の活用や法科大学院の入学資格への配慮等で解決を図るのが妥当。
「理論と実務の融合」を基本とする以上は、現在の司法研修所の前期修習の各科目を、基幹科目として法科大学院で実施できるよう検討しなければならない	法曹資格取得者を増員するには、(法科大学院では不可能であることを前提として) 実務教育の問題を孕むが、これはさしあたり司法研修所の拡大（予算措置）によっても解決可能。
法学部が1学年350名、教員数26名という現実を考慮すると、法科大学院の定員は1学年50名が適切 　設置の基準と要件が過去の司法試験合格の実績を前提にしたものであってはならず、たとえ法学部の歴史が新しく、司法試験合格者の輩出実績が無くとも、基準をクリアする大学には等しく設置が認可されるべき 　博士後期課程（研究者養成機能）は存置 　博士前期課程は、法科大学院で修士号が取得できるのならこれに一本化	司法試験合格者の過去の実績に基づいて設置を決めるのは、予備校の影響力をそのまま認めることにつながる。高等裁判所所在圏に一つという案も現実的で、司法サービスの拡大という点からも妥当。法科大学院が全国に広く配置されるなら、司法サービスの地域格差の傾向に歯止め。

	琉球大学案	久留米大学案
基本的枠組み	法学部（4年） → 法科大学院（3年） → 新司法試験 → 実務修習（1年） → 法曹資格	法学部（4年） （3年次から特別コース） → 法科大学院 → 司法試験 → 司法修習（1年） → 法曹資格
学部教育	法学部に限らず全ての学部は教養と専門基礎の教育に重点を置く方向 　事後監視・救済型社会では、法律に関する基礎的素養を備えた人材の需要は増大→法学部は法学中心で、新しい理念に基づく学部として存続	3年次から特別コース（15～20名）を設置し、一般学生と共通の講座の他に、実務家教員を登用して専門・実務講座を30単位程度課す（登録料必要） 　2年次末に選抜試験（成績、筆記、面接等）を実施
大学院入学者選抜	入学資格は学部卒（大学教育を受けていない者には適性と法律基礎科目の知識を測る試験で認める方法を検討） 　全国統一試験（適性と法律基礎知識の程度を測るもの、比重小）、学部成績、活動状況（社会人は職務業績）等を総合考慮 　AO機関の設置が必要	特別コース修了者とその他の受験生との間の格差を考慮すべき 　法学部と法科大学院を併せ持つ大学からの進学希望者とそれ以外の大学からの者との間に不公平のないよう配慮 　現行の司法試験第一次試験に相当する試験の合格者にも受験資格を認める
カリキュラム	高度専門職業人養成に特化した大学院 他大学や社会人にも開かれたもの 　基本法科目…教育課程の中核（特に初期段階では少人数、ケースメソッド） 　基礎法科目…思想・歴史・外国法等法曹倫理 　実践・実務科目…司法研修所で行われていた教育の一部、リーガルクリニック、模擬法廷等（実務家の積極的参加） 　特色科目…各法科大学院が特性に応じて設定（国際性、地域性、先端分野等）	現行司法修習の約半分の内容を担当 要件事実論に基づく法解釈学の教育 　①基本実定法（六法） 　②準基本実定法（行、労、国際法等） 　③応用・先端分野の法（企業法務、知的財産法、環境法等） 　④基礎法（法哲学、法史学、法社会学、比較法等） 　⑤エクスターンシップ、リーガルクリニック 　①は原則として演習形式、②③④は講義形式・演習形式 　専攻科（1年間）を設置して、特別コース卒業者（法科大学院不合格者）の他に社会人や他大学出身者も受入れ
教育スタッフ	法曹養成のみを目的とする制度を大学教育の中に作ることは我が国で初めてであり、既存の大学スタッフだけでは不十分→実務法曹の参加が必須	既存の大学教員に加え、実務家も加える（兼務か採用かはともかく） 大学教員自身が実務に関心を向けた姿勢を持つべき（附属法律事務所を設けて実務を経験させるのも一案）
司法試験	法科大学院での学習の成果や法曹としての適性・知識を有しているかを測る資格試験 　選抜試験として過酷なものにならないよう注意すべき	合格者数を増やすべき 結果として高い合格率（例えば8割） 現行の基礎的科目以外に民・刑事訴訟実務、基礎法学をある程度含めるべき
司法（実務）修習	現在の司法研修所で行っている教育の一部は法科大学院のカリキュラムへ 　実務修習に重点、修習期間は1年 　司法研修所は、実務修習を統括する機関として存置	1年程度、より実践的な内容（現行司法修習の約半分） 法科大学院では弁護士会の現地修習を、司法研修所では裁判所・検察庁の現地修習を実施するのも一案
設立形態・定員等	全国一律の基準は最低限度に止めるべき（カリキュラム、教育方法、スタッフ等） 　全国各地に出来るだけ数多く設置 　設置方法として連携・連合も視野に入れる必要 　財政的措置	一方的に特定大学を指定するのでなく、一定の設置基準を充たせば設置を認めるべき 　定員は50名前後とする

鹿児島大学案	獨協大学案
法学部（4年） →　法科大学院（2～3年） →　法曹資格判定試験 →　司法（実務）修習（1年） （→　法曹資格）	法学部（4年） 　　（3年次から法曹コース） →　法科大学院（2年） →　新司法試験 →　司法（実務）修習 →　法曹資格
現代型法学教育…情報系科目、政策系科目、外国法系科目、インターンシップ 　「骨太の法学教育」…リーガル・リサーチ、ディベート、ライティング、法律英語、政策立案セミナー、総合的プレゼンテーション	国際人・企業人・公務員・法曹の養成 　(前半2年…基礎教育（専門基礎） 　(後半2年…職業教育 　セメスター制に移行、少人数教育 　定期試験を廃止→日常的試験・レポート 　3年次から法曹コース（1学年最大50名程度の枠内で選抜）
知識中心でなく複数の法律分野にまたがった具体的問題を提示し、自ら解決策を考えさせる立場 　面接、語学の重視、他学部と社会人はこれらに加えて教養も重視 　多様な人材供給の観点から、試験は法科大学院単位で行うべきで、統一試験は避けるべき	(企業一般コース…民・商、民訴、労、知的財産法、 　(　消費者法 　(公務員コース…憲行民、地方自治法、社会保障法、 　(　行政学 　(法曹コース…六法
修学期間は2年（ただし、法学部・法律系学科以外の者と社会人は3年） 　学部での法学教育を前提とするが連続するものではなく、学部と法科大学院はそれぞれ自己完結的 　大学ならではの基礎法（法哲学、法制史、法社会学、外国法等）が重要 　ディベート論、法情報論 　最先端科目については、通信衛星システム、サマースクール、単位互換等の活用による法科大学院相互の協力 　ソクラテスメソッド、インターンシップ等	基本六法中心、講義と演習の組合せ 　法曹実務教育のうち基礎的理論的部分を可能な限り取り組む 　実務修習（インターンシップ）につき地域弁護士会等の協力を要請 　セメスター制の導入 　修士論文は課さず、60単位程度の取得により修了認定 　外国語学部、経済学部、医科大学等との提携 　司法試験予備校との何らかの仕方での提携は、大いに検討に値（司法試験合格者の実態は、予備校の授業の成果であって法学部の授業の成果ではないことを、大学人はまずもって真摯に反省すべき）
実務家教員については、地元法曹界の協力を得て一定年限を区切って客員教官として委任することが合理的 　そのためにも、地元法曹界の緊密な協力を得て法科大学院を設置運営	少なくとも実定法学者養成に関する限り、博士後期3年の課程の前に法科大学院で教育 　教員・実務家間で大規模な相互交流 　法学教員には法曹資格と学位を要求
2～3年間の法科大学院での学修の成果を判定する試験（現在の司法試験のような1回限りの試験ではなく、プロセスを重視した判定）、論述＋面接 　一定水準に達している限り合格	―
1年間、裁判所・検察庁・弁護士会で現場に身を置いての修習（修習生の数は現在の2～3倍以上） 　品質保証は修了時の全国試験で確認 　司法研修所は、教材作成や指導教官の研修施設としての機能を果たす	―
「地域性」を重視すれば、プチ・ロースクール（⇔グラン・ロースクール、全国で養成される法曹の1％程度を養成）は、法曹を全国に適切なバランスで増員するための有効な方策 　法曹（特に弁護士）の偏在は是正も法曹養成の中で解決方法を検討すべき 　大都市に法科大学院を設置しても、大都市圏で弁護士が増加し、営業できなくなった弁護士が地方都市に来て、しかし流れはそこで止まってしまい、弁護士が極端に不足する地域の住民は相変わらずサービスが受けられない	法科大学院は専門大学院、小規模（1学年20～30名程度）として構想 　実務経験教員・少人数教育・新司法試験合格率等を前提にすれば、教育責任を負う観点から、規模は自ずと明らかになるはず（大規模…100～200名、中規模50名、小規模20～30名） 　連合型法科大学院は、現実的には提携型（連携方式）になる可能性が大だから、各々が法科大学院を作って単位互換、交換授業、共同授業等を検討

	龍谷大学案	慶應義塾大学案
基本的枠組み	法学部（4年） → 法科大学院（3年） → 司法試験 → 司法修習（1年） → 法曹資格	法学部（4年）（飛び級も奨励） → 法科大学院（2～3年） → 新司法試験 → 司法修習（1年） → 法曹資格
学部教育	法科大学院構想には、①学部法学教育を前提としないアメリカ型と②学部との緩やかな一貫教育型があるが、基本的に②を支持→法学部は、ジェネラリスト養成機関としての意義と法曹養成の重要な基盤としての意義をもつ	1・2年…憲民刑、基礎演習、教養 3・4年…先端的学際的科目、外国法、統合的演習（実体法・手続法） 夏期休暇中に実務家連続講演 セメスター制、参加型・双方向型 法曹コース制には否定的（開放公正性）
大学院入学者選抜	入学者定員30名のうち15名は本学法学部卒業生、15名は他大学・他学部・社会人（自治体や中小企業団体等の人材の優先も） 　本学・他大学法学部卒…学部成績、社会的経験、法律科目 　他学部卒…学部成績、憲民刑 　社会人…社会的経験、法的素養	他学部生・社会人の特別枠を設定 学部卒には全国共通の統一試験を実施し、これを前提に各法科大学院が学部成績を大幅に考慮して選考 統一試験をパズル的な択一とするのは疑問、六法の基本知識を問う択一に 他学部卒・社会人は統一試験を前提とせず、小論文＋内申（推薦）
カリキュラム	導入演習（リーガルリサーチ、ライティング、情報リテラシー）（15名） 基本展開科目（六法）（上限50名） 基本総合演習（民事法・刑事法） （15名程度、実務経験教員・複数教員、ケースメソッド） 応用・先端科目（上限50名） （家族法、国際法、行政法、労働法、知的財産法、消費者法、環境法、外国法等）（基礎法は学部か大学院で必ず履修） 社会研修（自治体、NGO等） 外国留学プログラム 共同研究プログラム 弁護研修制度（3年次の1年間） （法科大学院と弁護士会が協議）	法学部出身者は2年 他学部出身者・社会人は3年 要件事実論、法学情報処理、演習（民事・刑事）、外国法演習、実務演習（含模擬裁判） 法学基礎、司法論基礎（含法曹倫理） 応用・先端的な科目（租税法、国際取引法、環境法、医事法等） インテンシブかつインタラクティブセメスター制 演習は問答形式（日本型ソクラティックメソッド）とゼミ形式、複数教員が関与 50人程度のクラスを想定（ゼミ形式は25人の班、選択科目講義は100人）
教育スタッフ	修了期間3年、入学定員30名とすると教員数は90名、科目数の充実等を考慮すれば、相当数の教員増が必要 実務家と研究者の協力・交流の機会を教育面だけでなく研究面でも促進	研究者教員と実務家教員の教育経験をつき合わせ、情報・意見交換の上で教育に反映させる機会を制度的に確保することを通じて、法科大学院での理論と実務の融合の実現に力を注ぐべき
司法試験	現行試験はなお機能しているとは言え、将来の展望は見出せず、法曹養成システム全体を改革することが有効	司法試験受験資格を法科大学院修了者・在学者に限定するのが合目的 科目数を大幅に絞り（民事法、刑事法等）、長文の事例で1題2～3時間 筆記＋口述、時期は秋～初冬
司法（実務）修習	司法修習は、基本的法分野の十分な理解を前提とし、実務家として必要な技術的知識技能を修得し、実務家としての心構えを身に付けることが目的 →　学部・大学院では、幅広い教養と各法分野の原理的体系的理解が必要	実務訓練は司法研修所及びその後の実務での研修にまかせるべき（要件事実論や選択制講座等は法科大学院） 法科大学院と司法研修所の有機的関連性に配慮し、情報・意見交換、教員派遣や研修等の制度的工夫が必要
設立形態・定員等	入学者定員30名 国の積極的な財政支援	実定法学研究者は法科大学院の教育を経ていることが望ましく、法科大学院は既存の大学院法学研究科と切り離されるべきではない 法科大学院の教育目的を、法に関わる専門分野の高度職業人養成とし、狭義の法曹だけでなく隣接法律専門職や公務員、企業法務を含めた養成を考えることも真剣な検討に値

【資料5】各種の法科大学院構想の比較

島根大学案	明治学院大学案
法学部 → 法科大学院 → 司法試験 → 司法修習 → 法曹資格	法学部（3年） 　（3年次卒業ないし飛び級） → 法科大学院（3年） → 司法試験 → 司法修習 → 法曹資格
地域の法化社会への転換を支える法的思考力と基礎的知識のある市民の共同体への輩出を担う 　教養教育 　専門教育 　　（コア・カリキュラムやコース制の採用）	教養と法律学の基礎基本に徹する 応用的先端的科目は、あっても高学年次に置くことで十分（大学院との共通科目扱いもありうる） 網羅的な科目揃えは必要としない
大学を問わず、法学部系出身者のみならず他学部出身者、地域の社会人を含め、広く受入れ 全国統一試験は内容的に困難 各法科大学院独自の入学試験 　（筆記、面接、学業成績や履歴等）	同一大学の学部生を事実上囲い込み的に優先入学させる制度や結果として他大学他学部生を締め出すような制度は導入されるべきではない 大学時代の成績、社会的活動・経験、人物評価等を含めた、筆記・面接試験 全国統一試験の前置も考えられる 内申書、自己推薦書、面接等
狭義の法曹三者に限らず、司法書士等や公務員も含めた「専門的ジェネラリスト」の養成を目指す 学部教育とは独立したものとして想定し、修業年限等は判断されるべき 　①法学基本科目 　②最先端応用領域 　③実践的取組方法の修得 模擬裁判等を含めケースメソッドによる演習が重要 職業倫理観の醸成も重要な教育課題 実務家を含めた複数教官共同による徹底した討議形式の小人数教育中心 TV会議システム（双方向通信、衛星放送）等により他大学教官の協力が容易に得られる環境を整えるべき	養成する法曹は、司法だけでなく、議会、行政、企業法務、NGO、国際機関等様々な分野での活躍を期待 法学部卒も他学部卒も3年の課程 少人数教育（必修クラス50人、選択・演習は10〜20人程度） 基本科目（六法、小人数ゼミ）、準基本科目（行政法、国際法等）、外国法、先端科目（消費者、環境、ビジネス、IT等）、基礎法、特別科目（法律英語、文書作成、リーガルクリニック、法曹倫理、交渉学、法情報処理、インターンシップ） ケースメソッド・プロブレムメソッド、ソクラテスメソッド・ディスカッション アメリカの法科大学院と連携し、半期あるいは1年単位での留学プログラム
実務及び隣接諸科学の教育が重要なポイントである以上、弁護士会や他学部等との連携は不可欠 実務家…常勤スタッフとしての採用も望ましいが短期集中講義も検討に値	
従来の司法試験は各地域での法化社会化のアンバランスを生み出し、知識偏重型で、抜本的な改革が必要 法科大学院修了者の80%程度が法曹資格を取得→各方面に人材が揃う	(ⅰ)司法修習生への全国統一任官試験として合格者枠を限定、(ⅱ)弁護士資格付与試験との2つの選択肢があるが、いずれにしても法科大学院での教育修了後の実施が望ましい
司法研修所は、法科大学院の教育内容をいかに工夫しても、細かな技術面の指導が残るので、その期間は検討の余地があるとしても残存させるべき	大学院と研修所の役割分担論は不賛成 法科大学院で実務修習を行うべき 　（判検修習は研修所に残すとしても少なくとも弁護士修習は法科大学院で） リーガルクリニックは1クラス10人程度
各地域に1つの法科大学院を設置することが重要 他大学との連携は考慮に値 基幹校に学生を集中させて教育する体制ではなく、連携各大学に小規模（20名程度）でも分属させ、地域との密着性を絶たせないシステムが必要 奨学金制度の充実や昼夜開講制 大学院は研究者養成機能も維持	1学年50人程度（中規模法科大学院） 国庫助成や奨学金制度の整備、税制面での配慮等が是非とも必要 　自己点検・評価の励行 　第三者機関のアクレディテーション 　連合（基幹校、対等連合、連携の各方式）に対する設置基準上の十分な考慮が必要（連合・連携の軸としては教育理念と地域がありうる） 　認可申請に際してはすべての大学に十分な検討・準備期間を保証すべき 　設置基準等は早い段階での公表の要

	創価大学案	立教大学案
基本的枠組み	法学部（4年） 　（3年次から法曹コース） → 法科大学院（2年） → 新司法試験 → 司法修習（1年） → 法曹資格	法学部（4年） 　（3又は4年次から法曹コース） → 法科大学院（2年） → 新司法試験 → 司法修習（1年） → 法曹資格
学部教育	1・2年次…共通課程 3・4年次…法曹コース（法科大学院と連動、基本六法詳論、エクスターンシップ等）とジェネラリストコース（行政職、企業・経営、政治・国際） コース選択は2年次後期（前期までの成績と選抜試験で選抜）	法学科法曹コースは30名程度とし、 　法学科の成績優秀者から選抜 　他学科からは10名程度 　他学部・他大学からは5名程度 法曹コースを設置しない場合には、4年までの成績で進学者を内定
大学院入学者選抜	2年課程…進学試験（法曹コースでの成績、筆記・面接試験）（協定校制度を設けて受験を許可する余地） 3年課程…入学試験 統一試験にはあまり賛成できない	統一試験は選抜資料の一つにとどめる 　内部枠…30名程度、法学部優秀者 　　　　書類審査、面接 　一般枠…20名程度、法学部卒（見込） 　　　　書類審査、面接＋憲民刑等 他学部からは法学部3年次へ 一定の社会人には特例措置も検討
カリキュラム	共通科目…基本法演習、民・刑事応用演習（裁判実務経験者、複数教員）、実務関連科目、基礎法・外書研究、ムートコート 一般特化科目…国際化、情報化、少子高齢化、環境等 特別特化科目…憲法人権特論、平和学特論、平和・人権セミナー等 小規模クラス編成、ソクラティックメソッド 教員へのアクセス容易性の確保 アメリカ創価大学等の卒業生受入れのため（多様性）、3年制の課程も構想	2年間で必修・選択必修60単位前後 基礎科目…法律英語、文章作成、法律相談・模擬裁判・インターンシップ、基礎法 専門科目…六法、行政法、労働法、国際私法、租税法、経済法等 　　　　（ケースメソッド、ソクラティックメソッド） 総合科目…総合演習（法的問題の発見、法の境界領域、実体法と手続法等） 自由科目…情報法、環境法、消費者法、金融取引法、無体財産権法等
教育スタッフ	───────	専任教員としては、法曹養成教育の負担を理由として研究生活に大きな支障を出さないようにする必要（研究による知の開発こそ法曹養成教育の基礎部分となる）
司法試験	受験資格は法科大学院修了（予定）者に限定し、例外を設けるべきでない 資格試験純化、10月前の実施は困難 基本六法、法曹倫理等、選択必修科目 制度完成までの間は現行試験は存続、その後の廃止 移行措置は慎重に検討	───────
司法（実務）修習	研修所の新設（地方）、法科大学院・弁護士会等の施設利用も検討の余地 司法研修所とともに弁護士会でも実施し、どちらに参加してもよい 全体で1年程度とし、新機関（大学関係者・法曹三者）への移行も検討に値する	───────
設立形態・定員等	全国総定員数を設定する必要はない ただし、各法科大学院の定員数は教育の質の維持の観点から自ずと限定 　客観的基準適合の申請は認定すべき 　実務経験者比率、学生教員比率の基準には再考の余地 外部評価を実施 奨学金制度の拡充、本学独自の奨学金 専用自習室、学生にノート型パソコン貸与 夜間制・通信制も検討に値する	定員は1学年50名程度（25名2クラス） 法科大学院での法曹養成教育の負担ゆえに学部教育に人的・物的資源でしわ寄せが行くことは望ましくない

北海道大学案	香川大学案
法学部（4年） → 法科大学院（2年） → 新司法試験 → 司法修習（1年） → 法曹資格	法学部（4年） → 法科大学院（2年） → 新司法試験 → 司法修習・研修弁護士（長くて2年程度） → 法曹資格
「骨太の」基本的実定法教育 基礎法学・政治学関係科目等 語学を含む教養教育の重視 先端的法律問題を扱う科目 法科大学院進学と結びついた「法曹コース」の設置は否定すべき	教養、政治学・他学部科目、基礎法学、法学基礎科目（公法・私法、社会科学入門、基礎ゼミ、法学情報処理）、法律基本・専門科目、演習 基本的科目の到達目標の統一のため、法曹三者による「認定科目」制度 定員限定の「法曹コース」は設置せず
一般選抜…統一試験（憲民刑と教養、択一式、文部・法曹三者・大学院が協議）＋個別試験（論述・口述、学部の学修評価） 特別選抜A（成績優秀者対象） 特別選抜B（法学以外の出身者対象） 受験回数制限には慎重、透明性確保	学部成績と基本的法知識確認の程度の入学試験との組合せで厳密な選抜 他学部出身者は学部3年次編入とし、2年間で基本法律科目を修得させる 法科大学院入学資格を付与する「法科大学院入学検定」の実施も検討
深化プログラム（必修・選択必修） 先端・複合プログラム（生活・ビジネス・公共・国際） 学際プログラム（基礎法、経済学等） 法曹倫理プログラム（必修） リサーチペーパー研究指導（必修） （特別選抜Bの入学者には基礎プログラムを課し、修業年限を1年加算） 講義、対話、実演、エクスターンシップの組合せ 2年次への進級のために深化プログラム修得単位数等の進級要件を設定 1セメスターの履修科目数の上限設定（キャップ制）も検討に値する 学習アドバイザー・学生生活アドバイザー制度 的確・厳正・透明な成績評価（A～F） → 研究科長からの注意・退学勧告	学部段階の基本法律科目の知識を前提 狭義の法曹養成を念頭にカリキュラム 教養、政治学、他学部、基礎法学 基本演習（プロブレムメソッド、ソクラティックメソッド） 模擬裁判 専門演習（研究指導、リサーチ・ペーパー）、留学 法律相談、体験学習（企業、消費者センター） 法曹倫理 専門法律科目 修士論文は修了要件とはしない
大学教員の実務研修制度の検討 大学院研究科の専攻ごとに教員を張り付けるのではなく、教員組織と専攻を分離し、教員組織は一元化して各専攻の教育プログラムを提供するという体制を検討	専任教員の増員が不可欠 模擬裁判では法曹三者、法律相談や法曹倫理では特に弁護士の協力が不可欠 プロブレムメソッドの基本演習では実務家との共同授業が好ましい
法科大学院で涵養される分析・思考能力の習得状況を評価（論述＋口述） 成績と履修状況を合否判定に考慮 合格率7～8割、受験回数制限 一定期間のみ現行試験と併存→廃止	受験資格は法科大学院修了とし、現行の試験は一定の経過措置後に廃止 純粋な資格試験、事例素材、質疑応答 合格者数や合格率は限定すべきでない 時期は法科大学院修了後が望ましい
現研修所の収容可能数を検討の上で各高裁所在地に司法研修所を設置 司法研修所と法科大学院の協議の場を設定（法曹教育の内容・編成の協議、教材作成）、弁護士会も参加 → 各法科大学院との有機的連関確保	訴訟実務は司法研修所で担当 訴訟実務に限られない実務経験については、弁護士事務所等における研修弁護士制度の導入も考えられる 司法研修所・研修弁護士を含めて長くて2年程度が妥当
第三者評価、学生による授業評価 徹底した少人数教育→学生定員は1クラス程度 現行の専門大学院基準のうち通常の2倍の教員数を要求するかは要検討 また、3割の実務家教員は、修了後に別の機関で実務訓練教育が予定される法科大学院では多少緩和するのが妥当 「実務経験」の範囲、兼職禁止規定の見直し等も要検討	設置形態は専門大学院が相応しいが一定割合の実務経験者の要件は緩和 人為的に設置数を限定せず、最低基準を遵守する限り設置を認めるべき 法曹三者、大学、市民代表からなる法曹養成管理機構が基準作成、設置認可、科目の認定、検定の実施、司法試験や研修所の運営等を行う 予算措置・助成金、奨学金の充実 1クラス20～25名程度が望ましい

	関西学院大学案	新潟大学案
基本的枠組み	法学部（4年） 　（3年次から法曹コース） → 法科大学院（2～3年） → 新司法試験 → 実務修習 → 法曹資格	法学部（4年） → 法科大学院（2年） → 司法試験 → 司法修習 → 法曹資格
学部教育	法曹、企業法務、公共政策、国際関係の4コースを設定し、2学年修了時に選択 法曹コースは定員60名程度	1年次…教養教育＋導入教育（少人数） 2年次…専門基礎科目 3年次…コア・カリキュラム、インターンシップ等 4年次…ジュニア・リサーチ・ペーパー（ＪＲＰ）の作成指導、隣接科目
大学院入学者選抜	法曹コース学生のうち一定数（3分の1～2分の1程度）に推薦入学資格 法学系学部以外の出身者及び社会人は 　(法学部出身者と同一入試→2年修了 　法律学の知識を問わない入試（一種のアドミッション・オフィス方式）→3年修了 　法曹コース3年次に編入　　　　の3つから選択	全国統一試験の導入は適切でない 他学部（他大学）や社会人も受入れ 留学生への一定の配慮も必要 間口は広くした上で、各法科大学院がそれぞれに工夫（例えばＧＰＡポイント、法学検定、筆記、面接、社会経験等） 自校（法学部）出身優先は避けるべき
カリキュラム	標準修業年限は2年 法学系学部以外の出身者は3年（1年次は学部法曹コース開設科目を履修） 修士論文やリサーチ・ペーパーは課さない 基本科目〔コア科目〕 　基本六法（特別演習）、基礎法、法曹倫理、インターンシップ・リーガルクリニック等 選択科目（既存研究科との共通科目） 　外国法、国際法、企業法務、行政法、刑事事件関連、先端複合法務問題 特別講義（外国研究者・実務家） 講義、ソクラティック・メソッド及びライティング方式の有機的連関 六法科目はスパイラル方式で反復教育	①法律コア科目（六法）（ソクラティック・メソッドは教員確保・教育効果の点で疑問） ②基礎法学科目、学際的科目 ③先端的・応用的科目 ④外国人教員による外国法文化論、サマースクール、留学制度 ⑤事例分析（問題発見・解決能力等） ⑥法律的文書読解・作成、情報検索 ⑦演習、模擬裁判、リーガル・クリニック ⑧適切な教材開発と少人数クラス指導 実務法曹の継続的生涯教育 他学部出身者・社会人学生には、約1年間の集中基礎教育（「ロー・ディプロマ・コース」） リサーチ・ペーパーを修了要件に
教育スタッフ	専任教員のほか、学部教員との兼任や契約教員・任期制教員・客員教員制度等を利用し、多様な人材を活用	スタッフ確保の上で法務省・最高裁・弁護士会との一層強力な連携が必要 外国人（実務家）教員の確保も重要 将来的には、教員集団は法曹資格取得者で構成されることが望ましい 大学教員の兼業許可要件を緩和すべき
司法試験	受験者の8割程度が合格する資格試験実施時期は法科大学院修了年度の春 法科大学院完成後も、数％程度の法曹は現在型司法試験で採用	法科大学院での学習成果を確認 70～80％程度の合格率 資格試験に純化 さしあたりは現行司法試験の併存を認めるのが現実的
司法（実務）修習	公的な機関による何らかの実務修習 　（社会の納得、法曹三者の合意が得られる方法であることが重要） 弁護士会も一定の役割を果たす必要	実務技術訓練は、実務家によって標準的・統一的に行う必要 → 司法研修所を実務訓練を行う機関として純化させ、理論教育を主とする法科大学院教育と連携すべき機関として併存させるのが現実的
設立形態・定員等	入学定員は60名 法曹三者等を含む第三者評価機関を設け、客観的な点検・評価を実施 兵庫県弁護士会や近畿弁護士会連合会と成績評価の在り方につき定期的に協議	設置希望大学には、一定の明確公正な基準を満たせば全て設置を認めるべき 適正な地域配分をも考慮すべき 連携大学院の設置も積極的考慮に値 法科大学院は、地域の「知の拠点」（拠点大学院）として構想すべき → 地域自治体からの推薦枠 　　地域自治体による奨学金制度 　　社会人のための昼夜開講制度 外部評価機関設置、予算措置と法整備

関西大学案	法政大学案
法学部（4年、法曹コース等） →　法科大学院（3年、ただし法学部出身者は2年次入学が原則） →　新司法試験 →　新司法修習 →　法曹資格	法学部（3～4年） →　法科大学院（2～3年） 　　（修習機能を担う場合は3～4年） →　新司法試験 (→　新司法修習) →　法曹資格
現行コース制を再編成（「基本」、「現代」、「国際」）→「法学総合」、「ビジネス」、「公務」、「法曹」、「国際」） 　法曹コース定員は1学年約100名とし、基本科目、少人数演習、教養科目	教養教育の再編成や法曹コース制の採用は各大学の創意工夫に委ねるべき 　学部3年制（3年学卒を許容）→学卒浪人のリスク軽減（法科大学院に入学しない学生は4年生として就職活動）
未修者入学試験…専門科目成績＋教養試験＋面接→1年次入学 　既修者入学試験…全国統一試験（日本版LSAT（基礎学力確認テスト））を前向きに検討→2年次入学 　社会人入学試験…意見表明能力、問題整理・発見能力を問うAO型入試	共通試験は多様性の原則に反する 　基本的には全ての者にオープンとの条件付で入学基準設定（推薦制度、他大学との提携）は各大学の自由 　自校出身学生比率の上限枠（例えば50％）設定には賛成できない 　試験選考手続の公平・公正性、透明性 　　（選抜ルール開示、運用結果公表、選考審査メンバー公表・外部試験員） 　併願数制限、志願回数制限等を検討
六法系基本科目 　　1年次に講義科目を配当、必修 　　2年次は事例研究演習を基本 　法律実務専門科目（契約、会社、労働関係、先端・情報関係、国際関係） 　　2・3年次に配当、講義形式からケースメソッドまで段階的学修形態 　法曹基礎科目 　　法曹倫理、リーガル・クリニック 　　外国法、立法技術論、公共政策論等 　30～40名を1ユニットとし、授業は原則ユニット単位、科目によっては数ユニットで行う 　演習にはティーム・ティーチング	第1群：実定法基礎科目（必修） 　　弁護士倫理、民刑訴憲商労働行政 　第2群：高度専門科目 　　倒産法、無体財産法、税法、独禁法、消費者法、環境法、国際法等 　第3群：教養・隣接・実務科目 　　基礎法、外国法、立法学、予防法学、実務家特別講義、事実認定論等 　第4群：研究と研修（必修） 　　インターンシップ、テーマ研究（修士論文）、最新判決例研究 　少人数教育（標準30名、最大50名） 　厳しく濃密な教育（予習・復習）とアドバイザー制度によるケア体制
実務経験教員、兼担制限等について設置基準の柔軟な解釈・運用が必要 　TA（ティーチング・アシスタント）を採用	学生定員が少ない場合、教員を学部と大学院の双方で専任としてカウント 　実務家教員にも「現場一線実務家」と「研修所教官的実務家」の2種類 　「マル合」比率の基準は法科大学院にふさわしく改正、外部監査制の導入
本来の資格試験とし、必修基本科目の論文試験と口頭試問（複数の基本科目の論点が含まれた出題形態を工夫） 　現在の司法試験はその合格者数を段階的に減少させ、速やかに新司法試験に一本化	受験資格は原則として法科大学院卒業生・卒業見込者に限る 　法科大学院の教育成果たる応用力を確認できるような出題、成績考慮も検討 　受験回数・年限を制限（浪人の回避） 　現行司法試験は経過的に併存→廃止
実務実践的な技能養成、実務技術訓練を研修所で行う 　新司法研修所での研修内容、法曹養成制度の基本的枠組みは、弁護士会等の関係者の十分な話し合いの上で決定	法科大学院で担うことも可能（事実認定・要件事実教育のために現在の研修所教官をセットで派遣し、実務修習はインターンシップに代える） 　現在の研修所は研修組織管理センターとして存続（教官派遣、教材作成等）
全国的な配置（法曹養成と地域性）等をも含めた全体的・総合的な設置計画を早急に作成すべき 　参入規制的な仕組み、現状固定的な定員配分にすべきではない 　弁護士会と大学関係者との率直な意見交換が継続的に行われる必要 　司書士、税理士、弁理士等の団体・組織とも協議できる関係を作るべき 　第三者評価機関（法曹三者、大学関係者）で定員等の見直し	地域密着型の法曹養成による分散型のシステム、地元出身者優遇の仕組み 　制度設計の段階で校数や定員を先走って議論するのは無意味かつ有害 　合格者数の実績は定員配分の基準として合理性がなく、事後規制型社会に対応する法科大学院の設置・定員の集権的事前規制は整合的でない 　定員は1校200名以内、また、学部定員の40％以内に制限 　申請手続の透明化

	京都大学案	名古屋大学案
基本的枠組み	法学部（4年） → 法科大学院（3年） → 司法試験 （→ 司法修習） （→ 法曹資格）	法学部（4年） → 法科大学院（2～3年） → 弁護士補（2年） （途中で新司法試験） → 司法修習（1年） → 法曹資格
学部教育	1～3年次…教養、法学・政治学基礎的科目 4年次…専門的かつ高度な科目 法曹志望者に体系的履修モデルを提示 4年次にはソクラティック・メソッドやケース・メソッドの授業を導入（成績で受講者数を限定）	教養教育の重視（哲学・歴史・心理学・文学・自然科学等、政治学・経済学・社会学等、外国語能力や情報処理等） 基本実定法科目の講義、基礎法分野 応用的・先端的科目の講義
大学院入学者選抜	法学の基礎的素養を有する者（法学部出身者）と非法学部出身者を区別（志望者の選択による） 全国で統一的な共通テスト（1次） （1次）…短答式 （2次）…論述式と口述式、学部成績 （法学部出身者…教養＋憲民刑） （非法学部出身者…教養） 2次試験は将来的にはAO選考へ	①全国統一法科大学院受験資格試験（統一法試）と②個別選抜の組合せ ①…一定の点数までの成績取得が要件 ②…各大学院が、志願者の資質等を書類審査や面接で総合的全体的に判断（志願者には併願数の制限を課す） 修業年限は、志願者が出願時点で選択 他学部出身者や社会人受入れを推進 同一大学法学部出身者の比率を50％以内とする統一ルールを検討対象に
カリキュラム	a. 基礎強化科目 b. 応用的・先端的多様化科目 c. 学際的総合科目 d. 実務訓練準備科目 e. 基礎科目 bcについてリサーチペーパーの作成 ソクラティック・メソッドやケース・メソッドを大幅に採用 外国法科目も開設 修了必要単位は90単位 法学部出身者には科目履修免除による修学期間短縮も可能とする 進級には一定単位数の修得を要求 成績不良者は中途退学	専門ゼミ…専門的な事例研究 （1クラス15名までの少人数教育） 総合課題ゼミ…複数教官担当制 （分野別縦割でなく問題解決志向型） 1年前期…法的技法基礎 1年後期…カウンセリング、交渉術、法曹倫理 2年前期…先端的・応用的・基礎法的科目（選択）、模擬法廷演習 2年後期…リサーチ・ペーパー （3年コースでは、1年目に基本的実定法・基礎法科目を体系的に履修） 地域的・国際的な体験的学修（インターンシップ、短期留学、法律相談等） セメスター制、厳格な成績評価
教育スタッフ	正教員増員と多数の補助教員が必要 実務経験教員は、当面、法曹三者等に派遣を求め、客員教授や非常勤講師 将来的には専任教員は原則として法科大学院修了で法曹資格を有する者に 大学教員と実務家との兼任や人事交流	専門ゼミで成績優秀な上級生をティーチング・アシスタントに採用、総合課題ゼミで学者と実務家が協力…多様な他者との学問的交流による切磋琢磨 弁護士法30条や国家公務員兼業規制の見直しが必要
司法試験	司法試験は、受験資格を法科大学院修了者に限定し、その教育成果を確認する法曹資格認定試験として純化 教育成果の確認方法は更に検討を要するが、法科大学院での学習成績を考慮できることが望ましい	法科大学院修了者の8割前後が合格する資格試験とし、新旧試験を併用する移行期間はできる限り短くすべき 弁護士補（弁護士の監督下で実務）として就職した年の秋に新司法試験を受験（不合格者は翌年に再受験）
司法（実務）修習	―	現行の司法修習制度又は再設計された何らかの実務的司法修習のプロセスが、法科大学院修了後に課されることが望まれ、その具体的内容は、法曹三者を中心に構成される機関で検討
設立形態・定員等	大学院修士課程として設置 実定法科目については研究者養成コースを設けず、研究者志望者も法科大学院を経て博士後期課程に進学 法科大学院の定員を1学年○○名とし、うち○○名は、法学以外の他分野の専門知識を有する者（非法学部出身者）を受入れ	人的組織・物的設備の充実 予算の投入・奨学金制度 文部省・法曹三者・法科大学院関係者が協力して第三者評価機関を設置 適正規模は50名前後～200名前後 学生総定員数の調整のためのゆるやかな装置の設定は国家レベルで、例えば第三者評価機関が担うのが適切（学生数の最大と最小を定めたり、学生数と教官数の比率を一定以上にすることを求める等の規制は、むしろ必要）

大阪市立大学案	中央大学案
法学部（4年） 　（4年次に法曹コース） →　法科大学院（2～3年） →　新司法試験 →　実務研修（1年以内） →　法曹資格	法学部（4年） 　（3又は4年次から法曹コース等） →　法科大学院（2年） →　新司法試験 →　司法修習（1年程度） →　法曹資格
我が国で法学部が持つ社会的意義・機能は今後も大きい 法律・政治・行政分野の一般的教育を維持し、基本的法律科目・基礎法重視 学部4年次に「法曹コース」を置く	1・2年次…教養、英語、情報技術 3・4年次…法科大学院への接続教育 3・4年次では①コース制②履修モデルの提示③履修前提要件方式（入学者選抜の考慮要素とする）を検討
自大学出身者や法学部卒業生に特別な入学定員枠を認めるべきではない（他大学出身者で占められても構わない） 全国的な統一入学試験は避けるべき 論文と面接による選考を基本 アドミッション・オフィス（AO）方式も 社会人等の他に障害者、外国人の積極的受入れも検討	法学部出身者（自大学・他大学）…学部成績＋筆記試験（コア領域の法律科目、英語運用能力試験）、学内選抜者の比率は慎重に検討すべき 他学部出身者（新卒者）…法学部へ学士入学させて法曹養成ルートへ 社会人…夜間開講制や標準修業年限3年制等を視野に入れて更に検討
1年次…基礎科目（憲民刑、民訴・刑訴、リーガル・ライティング、リーガル・リサーチ） 2年次…専門的法分野の講義・ゼミ等（憲法・行政訴訟論、消費者法、行商労、社会保障法、国際法、外国法、ケース・スタディのゼミ、総合的・実践的なゼミ等） 3年次…基礎法・外国法、先端的法分野、他研究科の科目履修等（法律家の社会的責任と職業倫理、国際人権ゼミ、立法過程と法、研究レポート指導、模擬裁判等） 国内法、国際法、ケース・スタディの三位一体教育 1セメスターの履修科目数の上下限を設定 他の法科大学院との連携・単位互換	①コア法律領域の体系的理解の深化と法解釈・運用能力の養成（民商・民訴、刑・刑訴、憲法、法理学）…1年次 ②各種法領域における創造的な問題解決のための基礎的能力の涵養（ビジネス、市民生活、国際・外国法、司法・紛争解決等の分野）…選択履修 ③法曹としての人間的資質の陶冶（法曹倫理、リーガル・クリニック、エクスターンシップ、社会研修） 比較的少人数でソクラテスメソッド 修士論文やリサーチ・ペーパーは不要 セメスター制、スクリーニング制
法科大学院と実務研修センターとの連携を前提に、法科大学院の専任教員として実務法曹が入る必要はない（日常的な協力体制をどう作るかが課題） 研究者養成の在り方と法科大学院との関連については慎重な検討が必要	ティーム・ティーチングや事例教材の共同開発も検討されるべき 従来より一層柔軟な大学教員の採用・雇用の形態と制度を整える必要 （任期や学内任務を限って実務法曹等が専門教育に従事する教員制度等）
法科大学院修了者に出願資格を限定 合格枠を設けず、資格試験に徹する 法曹としての基礎的知識を確認 副次的な位置づけで500名程度の枠で現行のような司法試験制度を残すことは考慮されてよい	法科大学院の教育課程における学修成果を判定するための国家試験 →　合格率はおおむね80％を目途 試験方法は論文式と口述 移行期には現行司法試験と併存 →　近い将来、段階的に一本化
司法研修所を発展的に改組して全国8カ所に「実務研修センター」（法曹三者が管理運営、専任教員は実務法曹）を設置し、法科大学院生を集めて実務教育（講義、演習、インターンシップ）を実施 修習生の研修（1年以内）も行う	実務法曹としての実践的な技能養成の役割は司法研修所に留保すべき →　法科大学院と司法研修所が適切な役割分担を図るならば、司法修習期間を1年程度に更に短縮も可能
学生定員30～40名の小規模を基本とすべき（上限は100名程度） 総定員は事実上3000名程度が上限 一定の設置基準による自由申請 多様な地域・大学を基盤とした法曹養成システム→個性的できめ細かな教育→多数の小規模法科大学院 奨学金制度の十分な整備が不可欠 （法律家が少ない地域への誘導も検討） 「市民のための法律家」の養成を理念とする	当面は全国で1500～2000人程度でスタートし、必要に応じ増員を検討 第三者評価機関として、例えば「法科大学院協議会」（法曹三者・文部省、一般有識者、法科大学院責任教員）を設け、大枠の基準の設定・改定、遵守状況の評価、改善勧告等を行う仕組みを導入（教材の共同開発、セミナー・研究発表会の開催等も） 私立には相応の国庫助成 公的・民間・学内の奨学金の充実

	早稲田大学案	立命館大学案
基本的枠組み	法学部（4年） 　（3年次から法曹コース） →　法科大学院（2年） →　新司法試験 →　司法修習 →　法曹資格	法学部（4年） →　法科大学院（3～4年） →　新司法試験 →　司法修習 →　法曹資格
学部教育	法曹コースを設けて6年一貫教育 法曹コースの選抜は1・2年次の学部成績を基準として行う 学部前期…教養、外国語、情報、基礎演習、憲民刑、会社法、法思想史 学部後期…基礎科目の講義・演習、選択科目、法哲学・法制史等	法的な基礎概念・制度の理解と法的判断力、洞察力を有する人材の育成を共通目標とし、その上に多様な関心と進路にふさわしい力を付け加える 事実上学部2年生段階で選別された当該大学法学部のみによる閉鎖的ロースクールを目指すような「法曹コース」は設けるべきではない
大学院入学者選抜	法曹コース出身者…推薦入試（学部成績を基本） 他コース・他大学・学部出身者…一般入試（学部成績、基本法（憲民刑）に関する論文・口述試験、語学試験） 社会人入試も実施	アドミッション・オフィス（AO）方式を採用 （a．法学部出身者…3年の課程 　b．法学部以外出身者等…4年の課程 　c．米国ロースクールとのデュアル・ディグリー・プログラム（DDP） 　3つの課程ごとの入試で選抜 （本学法学部からはaとcの定員の50％、留学生は全体の10％程度）
カリキュラム	基本科目（コア科目）…基本六法の特別演習、基礎法科目（法哲学・法思想史、法社会学、法制史）、法曹倫理科目（講義、インターンシップ、リーガルクリニック、ボランティア） 選択科目…外国法、国際法、金融法、租税法、行政法、知的財産法、環境法、情報法等 セメスター制を採用 修了認定は単位制で、修士論文に代わるリサーチ・ペーパーは要求しない	原則3年、他学部・社会人・留学生等には1年間の準備課程 実定法科目（民事法、刑事法、憲法等） 基礎法科目（法哲学、法曹倫理概論等） 応用・先端法学科目 リサーチ＆ライティング、リーガル・クリニック、エクスターンシップ（外部諸機関と提携協力）…弁護士事務所、NPO、自治体、企業等） 夏冬の集中講義 特定研究（リサーチ・ペーパー作成指導）
教育スタッフ	実務家教員による授業を多数設ける 実務経験のある教員の割合（約3割）などの設置要件は緩和されるべき 既存の法学研究科と専門大学院との現実的な併存の可能性を認めるべき	専任教員や講義担当者の編成を内外の教育機関や実務界との緊密な提携の下に行う 独立研究科として教授会を設置して法科大学院を運営 「法曹教育研究所」の設置を検討
司法試験	法科大学院修了者に受験資格（旧制度を残す併存案には疑問がある） 新司法試験は、新たな法曹養成制度の成果を確認する試験とし、従来の第1次試験及び短答式試験は廃止して、新たな論文試験と口述試験を実施 受験回数制限（例えば3回）	法科大学院修了者に対する司法試験は、法科大学院での履修の成果を確認する真の資格試験にすべき
司法（実務）修習	司法研修所は存置し、法科大学院での理論教育に引き続いて実務修習を行う	法律実務の教育訓練を法科大学院で全面的に実施する構想は、現時点では非現実的 少なくとも当分の間は、現地修習・集合修習は司法研修所で実施
設立形態・定員等	設置数を限定する必要はない 司法試験合格者は 　短期的にみて1000～2000名 　長期的にみて2000～3000名 設置基準を緩和すれば、より多くの大学が参入することとなり、司法試験合格率も平均80％とはいえなくなろう 外部評価システムの導入を検討 授業料の国私間格差は好ましくない 私立大学院に大幅な国費助成が必要	法学部・法学研究科の付属でなく、立命館大学の設置する独立研究所として組織（「立命館京都法科大学院」） 入学定員は100～200名で、35名程度のクラス定員の倍数 税理士・弁理士・司法書士等の養成は、専修コースを生かし、法科大学院とは別の新たなプロフェッショナル・スクールの展開の中で考慮 第三者評価、「アドバイザリー・コミティー」設置 国による特別の財政措置の必要性

明治大学案	上智大学案
法学部（4年） 　（3年次から法曹コース） → 法科大学院（2年） → 法曹資格認定試験 → 司法修習 → 法曹資格	法学部（4年） → 法科大学院（2年） → 司法試験 → 司法修習（1年） → 法曹資格
学部前期…教養教育、語学教育、法と諸科学及び社会との関係理解 　（法学専門科目教育は行わない） 学部後期…総合法律コース、国際法文化コース、法曹コースを設置 　法曹コースでは、基本実定法科目の体系的講義、演習中心の少人数授業	法学部教育は一応従来通り存続 　もっとも、法科大学院の教育内容や法学部教育の在り方を継続的に見直して改善することは前提で、現在の法学部教育をそのまま可とすることはできない
入学試験は各法科大学院で行う 法曹コース修了者…学部成績、外国語・実定法知識・法的素養等の総合評価 他コース・他学部・他大学等…法律専門科目に係わる試験は行わない 　（1年間は学部後期課程を履修）	米国LSATのような統一試験、外国語、基本六法についての基礎的試験により、各大学院で行う 　他学部出身者については、LSATと学部成績 　内部進学を有利に扱えば、法曹希望者や社会からの批判は免れない
・基本実定法科目についてのソクラティック・メソッド、ケース・メソッド教育 ・法理論と実務の関連（大学法学教育と要件事実教育とのギャップを埋めるための教育） ・法律文章作成能力 ・法的討論能力 ・法曹倫理 （応用法・現代法・基礎法・外国法科目は、学部後期課程と振り分け）	・少人数（30～50名程度）演習教育を基幹（民刑事の実体・手続法の事例問題研究、行政法事例問題研究等） ・先端的法分野（知的財産法、金融取引法、環境法等）の体系的講義 ・基礎法学及び隣接諸学 ・模擬裁判・弁論等による臨床訓練 　（実務家教師の指導による） （ソクラテス・メソッドやプロブレム・メソッドあるいはケース演習方式のゼミなどを大幅に導入する必要）
法科大学院では、法理論と法実務の共同教育や法曹資質教育が重要 → 法曹実務経験者を専任教員や客員教授として迎えるだけでなく、法曹実務家の支援・協力が必要	専門大学院としての3割以上の実務経験教員の要件は、法曹養成教育である以上当然必要
全国統一試験とし、法科大学院での学業成績評価を考慮したプロセスによる評価判定方法を工夫 　（少なくとも70～80%が合格） → 基本実定法知識、法的思考判断力、法的対応能力と法曹倫理（語学試験や教養科目試験は行うべきでない）	合格率を8割とする 従来の司法試験のように、試験合格だけで法曹になれる道も残し、最終的には、法科大学院卒を9割、試験のみを1割とする
要件事実教育や実務修習教育は、法科大学院での法学教育として適切ではない → 司法研修所又はそれに代わる法曹養成機関で行うのが適当	実務修習を中心とした1年程度の司法修習（司法研修所3ヶ月、裁判所2ヶ月、検察庁2ヶ月、弁護士事務所5ヶ月） → 3000名規模まで対応可能 　（研修所では3～4部に分ける）
憶測されているように現在の実績を基準とすることは、知識偏重的偏差値教育を前提とした結果の実績を基準とするものであり、認定校数を限定した特権化は、規制緩和や自主的活動の尊重に反する → 一定の基準を満たしたものを認可した上で、自由競争に委ね、事後的評価によりチェックすべき	新法曹は毎年3000名程度 教育効果から考えて、必修科目の1クラス学生数は最大100名（50名以下が理想） → 各法科大学院の学生数は100名を標準とし、50～200名の間 　法科大学院数は最大25～30校 基本的な法曹養成機関である以上、法曹三者との定期的な会合や教育内容の検討を継続的に行うことは必要

	広島大学案	熊本大学案
基本的枠組み	法学部と法科大学院で合計6年 （2・2・2、2・4、3・3） → 司法試験 → 実務修習 → 法曹資格	法学部（4年） （3年次から法曹コース） 連携法科大学院（2年） → 司法試験 → 司法修習 → 法曹資格
学部教育	教養レベル…情報、外国語、哲学、歴史、自然科学、法律学導入科目、基礎法学、隣接社会科学 専門レベル…憲民刑、裁判所傍聴、商法、訴訟法、行政法・労働法等、判例演習、インターンシップ	法学部独自の教養教育を実施 3年次から法曹コース、企業法務コース、公務員コース等を設置（2年終了時に成績を考慮して選抜） 法曹コースのカリキュラムは連携大学間で内容の統一化（インターンシップ科目の導入等）
大学院入学者選抜	日本版LSATの点数、学部成績、入学前の履歴、面接の総合評価	全国一律の試験と各法科大学院独自の試験（憲民刑、小論文（面接）、外国語）の組合せ 秋季入学制の採用 他学部、社会人、留学生への配慮
カリキュラム	専門レベル…応用複合演習、問題演習（憲民刑）、判例演習（商訴）、法律相談、ドラフティング、オーラル科目（相談、交渉等）、要件事実 実務修習前レベル…比較法・外国法、職業倫理、現代的法問題、先端特殊領域、公共政策・立法政策等	他大学・他学部・実務機関・外国大学との連携・協力による教育 ・法教養科目 ・基礎法科目 ・実定法科目（六法、応用・先端法） ・実務法科目（司法制度論、裁判手続論、法律相談） 少人数による講義・演習形式 セメスター制の採用 修了は、論文でなくリサーチ・ペーパーの審査により判定
教育スタッフ	きめ細かい少人数教育のための人的配置が不可欠で、実務家を非常勤や任期付きで任用するだけでなく、少なくとも、1科目に教授・助教授・助手がつく程度に専任常勤スタッフを増員	・大学と法曹実務機関との相互交流 ・実務家を連携教授・非常勤講師に ・大学教官が実務機関へ国内留学
司法試験	新司法試験は資格試験に徹する 最低限として、基本六法についての論述試験と口述試験は必須 出題形式は事例問題形式が望ましい 教養部分と法律学の基本的知識に関する部分は、大学院在学中の法律検定試験（仮称）で代替	新たな司法試験は、全国的な第三者機関が実施することとし、問題の作成は、法科大学院の教官、司法研修所、弁護士会などの協力により行う
司法（実務）修習	要件事実教育は実務経験者の協力を得ながら法科大学院で提供可能 研修所の収容定員については、時期をずらした修習や第2研修所設置も視野に 実務修習は現行通り維持する方向	司法研修所と法科大学院との役割分担が重要
設立形態・定員等	よく引き合いに出される年2000人という人数を想定し、合格率70から80%の（新）司法試験との主張とあわせて考えると、3000人弱が各年度の入学定員となる 「実績」と地域性、国公立と私立の特性の差を考慮した合理的な基準を 40〜50人をユニットとしてその倍数で考える	入学定員50名程度 法科大学院教育を受ける機会の平等性確保のため、法科大学院は大都市圏のみならず、地方・地域にも適正に配置・設置される必要

九州大学案	一橋大学案
法学部（4年） → 法科大学院（2～3年） → 司法試験 → 司法修習（司法研修所を改組した実務研修機関） → 法曹資格	法学部（4年） 　（3年次から法曹コース） → 法科大学院（2年） → 司法試験 → 司法修習 → 法曹資格
・実定法に関する基本科目が中核 ・専門基礎科目 ・プロフェッション倫理形成や創造的問題解決能力の基盤養成 ・ディベートや外国語で行う外国法関係の授業　等 法学部段階に法科大学院進学のための特別なコースを設置すべきでない	1・2年次…入門ゼミ、憲民刑、外国文献輪読、教養教育 法曹コース3年次…原書講読（必修）、憲民刑等の基礎科目、他学部科目 法曹コース4年次…ゼミ（原書講読、判例分析）、商法等の応用科目、訴訟法、司法制度と法律実務・法律学の入門的講義（実務家の協力）
自大学の法学部卒業生だけでなく、他大学の法学部卒業生、他学部卒業生、社会人等にも受験機会を与える	一定の法学部専門科目の試験、外国語試験及び教養試験 　（後者については、米国のＬＳＡＴに類似する全国共通試験、法曹適性試験が構想されるのであれば、それによる） 　法学部出身者にも他学部出身者にも同一の試験を課す 　（他学部出身者には、法曹コース3・4年次への編入学・学士入学を活用） 　社会人特別選考を実施
少人数の演習形式が中心（ソクラティック・メソッド等を含む多様な授業形式の創意工夫） 　・高度法理論教育科目 　・実務基礎的総合科目 　・領域横断的総合科目 　・理論法学・隣接分野科目 これらの諸科目について、討論やレポート作成を通じた思考訓練、具体的な事件処理のシミュレーション等を盛り込むことも望ましい	主要科目のゼミ、応用科目、高度・先端的専門科目、比較法、法政策科目、教官と実務家の共同講義、実務家の講義、法曹倫理（実務家担当）、英語による講義、 インターンシップ（弁護士事務所、企業法務部の協力）、 修士論文に代わるレポート作成・指導等
既存の修士課程における研究者コースは、基本的には維持されるべき 　また、法科大学院修了者にも、博士後期課程の門戸は開くべき 　しかしながら、法科大学院に所属する教員が総て法科大学院出身者で占められるべき必然性はない	理論と実務の教育をバランス良く配置し、理論教育の強化との連関の中で実務教育を構想すべき 　実務家による講義としては、最新最先端の法律実務の講義、理論と実務を結ぶ講義が考えられる → 客員教授、非常勤講師として招聘
司法試験は資格試験化（実務研修機関入所試験）し、法科大学院の教育内容を満足行く形で履修したことを確認 　結果的には現行司法試験制度は廃止	法科大学院修了者のみが新たな司法試験の受験資格（合格率70～80％） 　当分の間、従来の司法試験を存続させ、時期をみて漸減（現行試験の一部免除では、法科大学院が予備校化し、教育体系が不徹底となる危険性）
いわゆる実務教育のうち、実務基礎科目は法科大学院、実務応用教育（実務実習、実践実務あるいは擬似実践実務）はスリム化した実務研修機関が行う（法曹倫理・人権教育も）	司法研修所の実務教育は必要 　大学側にとって、司法研修所の実務教育（実務修習を除いた前・後期修習）を全面的に肩代わりすることは無理がある
カリキュラム内容を初め法科大学院の品質の維持・管理のために、外部評価機関による定期的な評価が必要（カリキュラム、教員の業績、施設の状況、学生アンケート、社会的貢献度等）	法曹三者と文部省との協議により設置される外部機関による評価を実施

	東京大学案	神戸大学案
基本的枠組み	法学部（前期2年、後期2年で後期から法曹コース） → 法曹大学院（2年又は1年半） → 司法試験 → 司法修習 → 法曹資格	新・法学部（3～4年） → 法科大学院（2～3年） → 新・司法試験 → 司法修習 → 法曹資格
学部教育	前期2年…教養科目、法学の基礎科目（憲民刑の一部、法哲学・法制史等） 後期2年…学生の一部が「法曹コース」に所属し、商法や訴訟法（必修）、実定法や外国法（選択必修）等を履修（他学部卒業者は学士入学制度を柔軟に運用して「法曹コース」に進学）	「実定法科目の再編」が必要 ①技術的要素を縮減し、基礎概念・構造の習得に純化 ②法曹大学院の一部科目を「乗り入れ科目」に（訴訟法、労働法、社会保障法、経済法、無体財産権法等） → 3年修了時に法科大学院へ出願可（飛び級制度の活用）
大学院入学者選抜	法曹コース修了者がロー・スクール課程の入学試験受験資格を取得 大学院入試は、筆記試験に代えて、学部法曹コースの成績を主たる判定資料とする 他大学出身者にも出願を認める	複数の要素（法律知識、法律家としての適性、入学前の学習実績）の総合考慮による選抜 ・法律知識の判定を受ける者…主として法学部出身者、直ちに原則3年の教育課程 ・法律知識の判定を受けない者…主として他学部出身者、法科大学院「ゼロ年生」として新・法学部で受講
カリキュラム	法曹実務家のための理論的な法学教育の充実・高度化が基本的目標 学部の法曹コースを基礎とし、これと一貫したものとしての内容・方法 ・既履修科目の演習形式での指導 ・応用的・先端的法分野の教育 ・修士論文作成の演習形式指導 ・模擬裁判・法律相談の活用 ・ペーパーや修士論文の作成 教育内容の標準化は不可欠 成績評価の合理的基準の設定	原則3年（2年で卒業も可能） 教育方法…レクチャー（講義形式）、ソクラティック・メソッド（対話方式）、リサーチ・アンド・ライティング（演習方式） 科目…①基礎的、応用・先端的科目、 ②実務における複合的法的問題を扱う科目、 ③法律家としての社会的責任を扱う科目
教育スタッフ	理論教育にふさわしい識見を有する法曹実務家をファカルティの一員として招くとともに、模擬裁判やその他の実務的色彩の強い授業のためには、非常勤や任期付きの形で実務家の協力を得る必要	②③の科目については、実務家を法科大学院に招いて、単独であるいは学者教官と共同で（チーム・ティーチング）行うのがふさわしい
司法試験	法曹資格取得の基本的な道筋をロー・スクール課程修了者とすべき → 修了者に対する司法試験は、高度化した法学教育を適切に履修したことの確認を目的として、試験の形式の簡略化、対象科目の拡大等	本来の趣旨である資格試験に戻し、平均的な法科大学院修了者が合格可能に（全法科大学院修了者の7～8割程度が合格）…点でなくプロセス重視 現行の司法試験との二本立ての期間は短いほどよい（例えば2年）
司法（実務）修習	司法研修所は、ロー・スクール課程と連携しつつ、実務技術訓練を中心的任務とするものとして存置する方向で検討	現在の司法研修所で行われている実務訓練の多くは、性質上、大学院で学ぶべきものでなく、法科大学院は司法研修所に全面的にとって代わるような実務修習の場にふさわしくはない
設立形態・定員等	司法試験合格者枠が一定数のものとして設けられ、ロー・スクール課程修了者の相当部分が司法試験に合格することを想定すると、ロー・スクール課程の定員にも一定の限度を設けざるをえない	法科大学院への進学者数は、自ずから、司法試験の最終合格者数と大きく隔たることのない程度に限られることになろう

【資料5】各種の法科大学院構想の比較

【資料5】各種の法科大学院構想の比較

(司法制度改革審議会事務局が作成した平成12年10月6日付審議会配付資料に岡山大学案を加えた)

	柳田幸男弁護士案	田中成明教授案
基本的枠組み	法曹基礎教養学部（4年） → 法曹大学院（3年） → 司法試験 → 弁護士資格 → 裁判実務課程（1年） → 裁判官・検察官・訟務弁護士	法学部（4年） → 法科大学院（2年） 　（学部4年次との3年一貫教育） → 司法試験 → 実務研修（1年） → 法曹資格
学部教育	法曹基礎教養学部では、法学専門教育の一部又はその準備段階としての法学教育を行わず、一般教養教育を行うことに専念し、「謙虚さ」「人間性」「柔軟性」「批判精神」「広い視野」「倫理的・道徳的問題の理解」を養う	学部4年次から法曹養成を目的とする学科ないしコースを選択的に導入 飛び級制度、3年卒業制度の活用 従来の法学部は、法学・政治学を中心とする高度教養教育に照準を合わせて抜本的に再編成
大学院入学者選抜	学部での成績を中心に、活動歴、論文、本人を熟知する者（例えば、学部時代の教官）の推薦理由等を併せて総合的に合否を判定 入学資格は、法曹基礎教養学部又は他の学部の卒業を要件とする	法科大学院につながる学科・コースの選抜は、LSAT型の全国共通テストと各大学院独自の選考との組合せ 一定割合を、他学部・他大学の在学者・卒業者から選抜 　法学部在学者…教養＋憲民刑、法学概論等 　法学部以外…教養＋法学を学ぶ素養の有無の判定 　　（1年次に基礎科目の補習）
カリキュラム	第1学年…基本法についての必修科目 　ソクラティック・メソッド 　小人数クラス（30～80人） 第2学年…引き続き基本法の必修科目 第3学年…専ら選択科目（公共法、国際取引法、企業法、租税法、基礎法、外国法等）、また、必修科目として、法曹の使命・倫理等について学び議論する Legal Profession の科目	1年次…コア・カリキュラムで集中的な基礎教育 　（基本的な法知識の教育、問題事例の法的分析・解決能力の訓練、議論・文書によるコミュニケーション能力の訓練） 2・3年次…裁判実務だけでなく、企業法務・行政法務・国際法務・公共政策等の分野で先端的、理論的・学際的な多様な科目で編成 成績評価を厳しくし、一定の成績に満たない者に進路変更を勧める
教育スタッフ	現在の法学部の法学教官が法曹大学院に移動して教員となる	実務志向型教育に携わる能力のある教員の確保・養成が急務 将来的には、法科大学院の教員は原則として法曹資格取得者とすべき （実務家の任用、実務経験ある教員の増員、大学教員と実務家との兼業・人事交流の促進）
司法試験	資格試験であることを徹底 試験内容は、複雑な事例について、事実を分析し、法的問題を発見し、適用法を検討し結論を出す問題とする 合格者は弁護士資格→裁判手続を除く法律実務、行政官、企業法務等へ	修了時に司法試験など全国共通の国家試験（資格試験として）特化し、法科大学院での教育効果確認的なものとして、修了者の80％が合格） 現行司法試験の規模を徐々に縮小して、法科大学院中心の制度へ移行
司法（実務）修習	（旧）司法研修所は、法曹大学院が行う臨床的法学教育を支援する役割 （新）司法研修所以外に、高等裁判所所在地毎に修習センターを設置し、司法研修所・修習センター・各実務庁で実務訓練	在学中に弁護士事務所・企業法務等で実務の研修、修了後は民事・刑事・弁護の研修各3ヶ月、残り3ヶ月で検察・行政・企業等での研修を選択 合格者増→司法研修所は複数化ないし廃止の方向で検討せざるを得ない
設立形態・定員等	15校、3000人程度でスタート 認定校制度（accreditation）を設ける 教員院生比率、カリキュラム等の基準を設定し、クリアした認定法曹大学院の卒業生のみに司法試験の受験資格 法曹省と文部省が共管する委員会を置き、法曹三者・法曹大学院関係者・学識経験者をメンバーとする	1500～2000名との前提で、10～20校で合格者数実績を目安に配分（一定期間ごとに調整） 　将来的には4000名位まで増員 米国ABAのアクレディテーションも視野に入れ、文部省が大学関係者・法曹三者等と共同して設置基準を策定し、設置認可（一定期間ごとに再審査）

とすることが望ましい。

○ やむを得ない事由により法科大学院への入学が困難な者に対しては、法科大学院を中核とする新たな法曹養成制度を整備することの趣旨を損ねることのないよう配慮しつつ、別途、法曹資格取得を可能とする適切な例外措置を講じるべきである。

○ 新司法試験の受験回数については、3回程度の受験回数制限を課すべきである。

2　試験方式及び内容
○ 法科大学院において充実した教育が行われ、かつ、厳格な成績評価や修了認定が行われることを前提として、新司法試験は、法科大学院の教育内容を踏まえたものとし、かつ、十分にその教育内容を修得した法科大学院の修了者又は修了予定者に新司法修習を施せば、法曹としての活動を始めることが許される程度の知識、思考力、分析力、表現力等を備えているかどうかを判定するものとすべきである。

3　移行措置
○ 新制度への完全な切り替えに至る移行措置として、現行司法試験の受験生に不当な不利益を与えないよう、新司法試験実施後も一定期間は、これと併行して現行司法試験を引き続き実施する。

○ なお、現行司法試験におけるいわゆる合格枠制（丙案）の取扱いについても、移行措置期間内における現行司法試験の実施の在り方を検討する中で考慮すべきである。

Ⅳ　司法修習

1　修習の内容
○ 新司法試験実施後の司法修習は、修習生の増加に実効的に対応するとともに、法科大学院での教育内容をも踏まえ、修習内容を適切に工夫して実施する。

○ 新司法試験実施後の司法修習のうちの集合修習（前期）と法科大学院での教育との役割分担の在り方については、今後、法科大学院の制度が整備され定着するのに応じ、随時見直していくことが望ましい。

2　司法研修所
○ 司法研修所の管理・運営については、法曹三者の協働関係を一層強化するとともに、法科大学院関係者や外部の有識者の声をも適切に反映させる仕組みを考えるべきである。

以上のような内容を骨格とする新たな法曹養成制度を可能な限り早期にかつ円滑に実施に移すことのできるよう、当審議会としては、法科大学院の設置認可や第三者評価（認定）の基準の策定、新司法試験及び新司法試験実施後の司法修習の具体的な設計等を含む所要の措置について、関係機関において適切な連携を図りつつ、上記の文部省検討会議の報告書をも参考としながら、当審議会の最終意見を待たず速やかに検討を進めることを期待する。特に、設置認可及び評価（認定）のための基準については、法科大学院を設置しようとする大学等が公平な条件の下に十分な準備ができるよう、当審議会が内閣に最終意見を述べた後に遅滞無くその内容を公表し、周知を図ることとすべきである。

　　　　　　　　　　　　　　　　以上

める必要がある。

○　実務家教員の任用を容易にするため、弁護士法や公務員法等に見られる兼職・兼業の制限等について所要の見直し・整備を行う必要がある。

○　法科大学院での教員資格に関する基準は、教育能力や教育実績、実務家としての能力と経験を大幅に加味したものとすべきである。

⑥学位
○　法科大学院の修了者に付与される学位については、国際的通用性をも勘案しつつ、法科大学院独自の学位（専門職学位）を新設することを検討すべきである。

3　公平性・開放性・多様性の確保
○　地域を考慮した全国的な適正配置に配慮するとともに、夜間大学院や通信制大学院等の多様な形態により、社会人等が学びやすい環境を積極的に整備する必要がある。

○　資力が十分でない者が経済的理由から法科大学院に入学することが困難となることのないように、格別の配慮が必要であり、奨学金、教育ローン、授業料免除制度等の各種の支援制度を整備する必要がある。

○　司法の人的基盤の整備の一翼を担うという法科大学院の役割にかんがみれば、厳しい財政事情の中においても、国公私立を問わず、適切な評価の結果を踏まえつつ、公的資金による財政支援が不可欠である。

4　設立手続及び第三者評価（認定）
○　法科大学院の設置認可は、関係者の自発的創意を基本としつつ、設置基準を満たしたものを認可することとし、広く参入

を認める仕組みとする。ただし、その基準は、法曹養成の中核的機関としての使命に相応しく厳格なものでなければならない。

○　また、法科大学院における入学者選抜の公平性・開放性・多様性や法曹養成機関としての教育水準、成績評価・修了認定の厳格性を確保するため、適切な機構を設けて、第三者評価（認定）を継続的に実施する。

○　第三者評価（認定）の仕組みは、新たな法曹養成制度の中核的機関としての水準の維持・向上を図るためのものであって、大学院としての設置認可や司法試験の受験資格の付与とは、密接に連関しつつも、独立した意義と機能を有するものであり、評価（認定）基準の策定や制度の運用等に当たっては、それぞれの意義と機能を踏まえつつ、相互に有機的な連携を確保する必要がある。

5　関係者の責任
○　法科大学院は、21世紀の司法を担う質の高い法曹を養成するという重大な役目を担うものであって、その実りある実現のためには、教員、教育内容や方法その他の人的・物的な面で、相当の労力、時間及び資金を投入しなければならない。大学関係者と法曹関係者の責任は極めて重く、それを十分自覚しつつ法科大学院の設置及び運営に当たることが切に求められる。

Ⅲ　司法試験

1　受験資格
○　法科大学院制度の導入に伴い、司法試験も、その修了を要件とする新たなものに切り替える。新司法試験の受験資格の付与は、適切な第三者評価（認定）の制度が整備されることを踏まえ、それによる認定を受けた法科大学院を修了したことを前提

2 法科大学院制度の要点

①設置形態

○ 法科大学院は、法曹養成に特化した実践的な教育を行う学校教育法上の大学院とする。ただし、法科大学院の設置は既存大学を拠点としなければならないわけではなく、例えば、弁護士会や地方自治体など大学以外の主体が学校法人を作り、法科大学院の設置基準を満たせば、当然に法科大学院を設置し得る。

○ 法学部に基礎を持たない独立大学院、複数の大学が連合して設置する連合大学院等の多様な形態を認める。

②標準修業年限

○ 標準修業年限は3年とし、併せて、法科大学院において必要とされる法律学の基礎的な学識を有すると法科大学院が認める者（法学既修者）については、法学部を卒業しているか否かにかかわらず、短縮型として2年での修了を認める。

③入学者選抜

○ 入学者選抜は、公平性、開放性、多様性の確保を旨とし、入学試験のほか、学部における学業成績や学業以外の活動実績、社会人としての活動実績等を総合的に考慮して合否を判定する。これらをどのような方法で評価し、また判定に当たってどの程度の比重を与えるかは、各法科大学院の教育理念に応じた自主的判断に委ねられるべきである。

○ このうち入学試験は、全ての出願者について適性試験を行い、法学既修者として2年での修了を希望する者には併せて法律科目試験を行うという方向で、各試験の在り方を検討する。

○ 法科大学院は、学部段階での専門分野を問わず学生を受け入れ、また、社会人等にも広く門戸を開放しなければならない。そのため、法学部以外の学部の出身者や社会人等を一定割合以上入学させるなどの措置を講じることとする。

④教育内容・方法

○ 必置科目や教員配置等については、その基準を、大学院としての設置認可や第三者評価に関する基準として定めることにより、法曹養成のための教育内容の最低限の統一性と教育水準を確保しつつ、具体的な教科内容等については、各法科大学院の創意工夫による独自性・多様性を尊重することとする。

○ 法科大学院では、実務上生起する問題の合理的解決を念頭に置いた法理論教育を中心としつつ、実務教育の導入部分をも併せて実施することとし、体系的な理論を基調として実務との架橋を強く意識した教育を行う。

○ 法科大学院における教育は、少人数教育を基本とする。

○ 法科大学院の修了者のうち相当程度が新司法試験に合格するような制度とするためには、厳格な成績評価及び修了認定を行うことが不可欠である。

⑤教員組織

○ 法科大学院では、少人数で密度の濃い教育を行うのに相応しい数の専任教員を必要とする。

○ 法曹養成に特化した高度な法学教育を行い、理論的教育と実務的教育との架橋を図るため、実務経験を有する教員（実務家教員）の参加が不可欠である。その数及び比率については、法科大学院のカリキュラムの内容や新司法試験実施後の司法修習との役割分担等を考慮して適正な基準を定

ため、司法試験という「点」のみによる選抜ではなく、法科大学院（仮称）を中核とし法学教育・司法試験・司法修習を有機的に連携させた「プロセス」としての法曹養成制度を新たに整備すべきである。

Ⅱ 法科大学院

1 目的・理念
(1) 目的

法科大学院は司法・法曹が21世紀のわが国社会において期待される役割を十全に果たすための人的基盤を確立することを目的とし、司法試験・司法修習と連携した基幹的な高度専門教育機関とする。

(2) 教育理念

法科大学院における法曹養成教育の在り方は、理論的教育と実務的教育を架橋するものとして、以下の基本的理念が統合的に実現されるようなものでなければならない。

①法科大学院における教育は、法の支配の担い手であり、「国民の社会生活上の医師」としての役割を期待される法曹に共通して必要とされる専門的資質・能力の習得と、かけがえのない人生を生きる人々の喜びや悲しみに対して深く共感しうる豊かな人間性の涵養・向上を図るものでなければならない。

②法科大学院における教育は、専門的な法知識を確実に習得させるとともに、それを批判的に検討し、また発展させていく創造的な思考力、あるいは事実に即して具体的な法的問題を解決していくために必要な法的分析能力や法的議論の能力等を育成するものでなければならない。

③法科大学院における教育は、先端的な法領域について基本的な理解を得させ、また、社会に生起する様々な問題に対して広い関心を持たせ、人間や社会の在り方に関する思索や実際的な見聞・体験を基礎として、法曹としての責任感や倫理観が涵養されるよう努めるとともに、さらに実際に社会への貢献を行うための機会を提供しうるものでなければならない。

(3) 制度設計の基本的考え方

法科大学院の制度設計に当たっては、公平性、開放性、多様性を旨とし、上記のような教育理念の実現を図るとともに、以下の点を基本とすべきである。

①法科大学院の設置については、適正な教育水準の確保を条件として、関係者の自発的創意を基本にしつつ、全国的に適正な配置となるよう配慮すること

②法科大学院における教育内容については、学部での法学教育との関係を明確にすること

③新しい社会のニーズに応える幅広くかつ高度の専門的教育を行うとともに、実務との融合をも図る教育内容とすること

④法科大学院における教育は、少なくとも実務修習を別に実施することを前提としつつ、司法試験及び司法修習との有機的な連携を図るものとすること

⑤以上のような教育を効果的に行い、かつ社会的責任を伴う高度専門職業人を養成するという意味からも、教員につき実務法曹や実務経験者等の適切な参加を得るなど、実務との密接な連携を図り、さらには実社会との交流が広く行われるよう配慮すること

⑥入学者選抜については、他学部・他大学の出身者や社会人等の受入れにも十分配慮し、オープンで公平なものとすること

⑦資力のない人や社会人、法科大学院が設置される地域以外の地域の居住者等にも法曹となる機会を実効的に保障できるよう配慮すること

⑧法科大学院における適正な運営の確保及びその教育水準の維持・向上を図るため、公正かつ透明な評価システムを構築するなど、必要な制度的措置を講じること

【資料4】「法曹養成制度の在り方」に関する審議の取りまとめ

2000年10月31日　　　　　　　　　　　司法制度改革審議会

当審議会では、「21世紀の司法を支えるにふさわしい資質と能力（倫理面を含む）を備えた法曹をどのようにして養成するか」（論点整理）という視点から法曹養成制度の在り方について、本年3月2日、3月14日及び4月14日の3回にわたって審議を行った末、4月25日の第18回会議においてその結果を取りまとめ、「司法制度の制度的基盤の強化が実を結び、成果を挙げるためには、その制度を委ねるに足る質・量ともに豊かな人材（法曹）を得なければなら」ず、現行の法曹養成制度について指摘される種々の問題点を克服し、「司法・法曹が21世紀のわが国社会において期待される役割を十全に果たすための人的基盤を確立するには、法曹人口の大幅な増加や弁護士改革など、法曹の在り方に関する基本的な問題との関連に十分に留意しつつ、司法試験という『点』のみによる選抜ではなく法学教育・司法試験・司法修習を有機的に連携させた『プロセス』としての法曹養成制度を新たに整備することが不可欠である。」との認識で一致した。そして、その新たな法曹養成制度の中核を成すものとして、法曹養成に特化した教育を行うプロフェッショナル・スクールとしての「法科大学院」（仮称。以下同じ。）の構想が「有力な方策であると考えられる」が、各方面で議論されている法科大学院の構想には様々のものがあり、その内容や司法試験・司法修習との関係等、具体的に詰めるべき点がなお少なくないので、それらの点につき専門的・技術的な面を含め十分に検討した上で、同構想の採否を含め、法曹養成制度の在り方につき判断を下すこととした。

そのため、当審議会としての「法科大学院（仮称）に関する検討に当たっての基本的考え方」を提示するとともに、文部省に対し、大学関係者及び法曹三者の参画の下に適切な場を設けて、法科大学院における法曹養成教育の在り方やその制度設計に関する具体的事項について、専門的・技術的見地から検討を行い、その結果を当審議会に資料として提出することを依頼した。

これを受けた文部省では、大学関係者及び法曹三者の協力の下に「法科大学院（仮称）に関する検討会議」を設けて、集中的な検討を行った上、本年8月7日の当審議会の集中審議において、その段階までの議論の要点を整理して報告し、当審議会委員との意見交換を行った。そして、それを踏まえて、さらに検討を重ねた末、本年9月末、その結果をまとめた「法科大学院（仮称）構想に関する検討のまとめ——法科大学院（仮称）の制度設計に関する基本的事項——」と題する報告書を当審議会に提出した。

当審議会では、その報告書を手がかりにして、同10月6日、16日及び24日の3回にわたり、法曹養成制度の在り方につきさらに審議を行った結果、以下のような判断に達した。

I 法科大学院を中核とする新たな法曹養成制度の整備

21世紀の司法を担う質・量ともに豊かな法曹を育成し、司法の人的基盤を確立する

[添付資料]

法科大学院(仮称)構想に関する検討会議における検討状況

会議日程		検討内容
第1回	5月30日(火)	座長互選、フリーディスカッション
第2回	6月7日(水)	スケジュール及び検討項目決定 各検討項目について検討 ・検討の前提として確認すべき事項 ・法曹養成のための法学教育を担うべき主体に関する考え方 ・法科大学院における法学教育の基本骨格と修業年限
第3回	6月23日(金)	各検討項目について検討 ・法科大学院入試 ・法科大学院における教育内容—カリキュラム ・法科大学院における教育方法
第4回	6月29日(木)	各検討項目について検討 ・法科大学院における教員組織 ・法科大学院の設置形態
第5回	7月5日(水)	各検討項目について検討 ・第三者評価の在り方 ・司法試験 ・実務修習との関係
第6回	7月17日(月)	中間取りまとめに向けた検討
第7回	7月24日(月)	検討会議における議論の整理(案)の検討
第8回	7月31日(月)	検討会議における議論の整理(案)の検討
第9回	8月17日(木)	司法制度改革審議会における「検討会議における議論の整理」の報告状況について報告
第10回	9月1日(金)	最終報告に向けた検討
第11回	9月8日(金)	最終報告に向けた検討
第12回	9月20日(水)	「法科大学院(仮称)構想に関する検討のまとめ(案)」の検討

川端和治(日本弁護士連合会副会長)
小島武司(中央大学法学部教授)
清水潔(文部大臣官房審議官)〔平成12年6月15日から〕
田中成明(京都大学法学研究科教授)
房村精一(法務大臣官房司法法制調査部長)

【別紙2】司法制度改革審議会委員
井上正仁
鳥居泰彦
山本勝
吉岡初子

[添付資料]
法科大学院(仮称)構想に関する検討について

平成12年5月24日
高等教育局長裁定

1 目的
　司法制度改革審議会からの検討依頼に応じ、新しい法曹養成制度の一環としての法科大学院(仮称)構想に関し、入学者選抜の方法、教育内容・方法、教育体制等についての基本となるべき事項について、司法試験及び司法(実務)修習との有機的な連携に配慮しつつ、検討を行う。

2 検討事項
(1) 入学者選抜の在り方、教育内容・方法、教育体制等について
(2) 教育内容・方法等との関係での司法試験及び司法(実務)修習の在り方について考慮すべき事項
(3) その他必要な事項

3 実施方法
(1) 別紙1に掲げる者の協力を得て検討を行う。
(2) (1)のほか、別紙2に掲げる司法制度改革審議会委員の参画を得る。
(3) 必要に応じ、別紙に掲げる者以外の者の協力を得ることができる。

4 実施期間
　平成12年5月24日から平成12年9月30日までとする。

5 その他
　この検討に関する庶務は、司法制度改革審議会事務局及び法曹三者の協力を得ながら、高等教育局大学課で処理する。

境の整備にこそ力が注がれるべきである。したがって、例外措置の検討に当たっては、法科大学院制度の趣旨が損なわれることのないよう慎重な配慮が望まれる。

　法科大学院制度及び新司法試験制度の趣旨を考えると、3回程度の受験回数制限を設けることが合理的だと考えられる。

　新司法試験実施の時期については、①法科大学院の修了認定を受けた者について修了直後に試験を実施し、合格者について速やかに司法（実務）修習を開始するという考え方と、②法科大学院最終学年の適当な時期に試験を実施し、法科大学院修了後に司法（実務）修習を開始するという考え方の二つが検討された。法科大学院での教育を十全に実施するという観点からいえば、①の考え方が望ましいと思われるが、反面、法科大学院修了者の進路決定などの問題もあり、さらに検討を行う必要がある。

　新司法試験の内容については、少なくとも法科大学院制度新設後当分の間は、法科大学院の課程の履修を前提として、修了者が十分にその内容を身につけているかどうかを多角的に確認するため、与えられた事実を多角的な法的視点から整理し、それに基づいて法的判断を行う能力を試すよう、十分な時間をとって論述式や口述式の試験を行うべきである。具体的には、例えば、基幹科目を中心とし、その他の必置科目の履修をも配慮したものや、先端的・現代的分野科目など必置科目以外の科目の中から受験者が選択した科目について試験を実施することなどが検討されるべきである。

(2) 法科大学院と司法（実務）修習

　法科大学院における教育との有機的な連携に配慮しつつ、法曹に要求される実務能力涵養のために司法（実務）修習を実施することを前提として、法科大学院は、実務上生起する問題の合理的解決を意識した法理論教育を中心としつつ、実務教育の導入部分をあわせて実施することとなるというのが大方の意見であったが、法科大学院は法理論教育とあわせ、実務教育のうち基礎的内容にわたる部分（現行司法修習における前期修習相当）まで実施すべきとの意見もあった。

　いずれにしても、法科大学院における理論と実務を架橋する教育が充実したものとなるならば、司法（実務）修習の内容等も、新しい法曹養成の「プロセス」の一環として、法科大学院での教育と相携える形で、適切に構想される必要があると考えられる。

おわりに

　本検討会議では、司法制度改革審議会から提示された「基本的考え方」を踏まえつつ、法科大学院（仮称）の制度設計に関する基本的事項について、以上のような結論を得た。

　このような制度設計に基づいて法科大学院（仮称）構想をさらに具体化し、実施に移すためには、①カリキュラムと教員組織の具体的内容（特に必置科目の範囲と内容、司法（実務）修習制度との適正な連携の確保、実務家教員の比率・数）、②入学試験（入試の方式・内容・実施方法など）、③第三者評価と設置認可の具体的な基準策定、④法科大学院の第三者評価と設置認可及び新司法試験受験資格との適切な関連を図る具体的な仕組み、という、関係者間の意見調整が特に必要とされる事項を中心に、より具体的な検討を行う必要がある。

【別紙１】法科大学院（仮称）構想に関する検討協力者名簿

井田良（慶應義塾大学法学部教授）
伊藤眞（東京大学法学政治学研究科教授）
遠藤純一郎（前文部大臣官房審議官）〔平成12年6月14日まで〕
加藤哲夫（早稲田大学法学部教授）
金築誠志（最高裁判所事務総局人事局長）

準の確保を目的とした定量的・外形的なものであるという違いがある。そのため、両基準の具体的内容の基本的方向や在り方についてさらに検討を進めた上で、最終的には、その検討を踏まえて、内容の関連に留意しながら、それぞれ基準を策定し、その運用について適切な関連を図る仕組みを設けることが適切である。

法科大学院の評価（認定）に関する機構が、第三者評価（認定）基準の策定・改訂及び評価結果に基づいて、法科大学院の設置基準との適切な関連を確保する仕組みとしては、例えば、法科大学院の第三者評価（認定）を行う機構が、設置認可の基準の内容と運用について、文部省に意見を述べることや、設置認可に関与する設置審査専門委員会に法曹関係者が加わることなどが考えられる。

司法試験の受験資格との関連については、設置認可された法科大学院の修了を自動的に新司法試験の受験資格とするのではなく、法科大学院の教育水準の確保・向上の観点から、法科大学院の評価（認定）に関する機構によって認定された法科大学院を修了することを新司法試験の受験資格とすることが望ましい。いずれにしろ、新司法試験の受験資格やその具体的な在り方の検討には、法科大学院関係者が参加する必要があり、例えば、司法試験管理委員会に法科大学院関係者の意見を反映させる適切な仕組みなどを考案すべきである。

5　法科大学院と司法試験・司法（実務）修習

(1) 法科大学院と司法試験

現行司法試験は、法曹になろうとするものに「必要な学識及びその応用能力を有するかどうかを判定することを目的とする」（司法試験法第1条）が、法科大学院制度を導入した後の新司法試験制度も基本的にこの目的を維持すべきことに変わりはない。ただ、現行制度とは異なって、21世紀に相応しい法曹を養成するため、新たに法科大学院が、そこでの教育水準が客観的に確保された高度な法律専門教育機関として設置され、そのための充実した教育が行われ、かつ、厳格な成績評価が行われることを前提とするのであれば、新司法試験は、法科大学院の教育内容を踏まえたものとし、かつ、十分にその教育内容を修得した法科大学院の修了者又は修了予定者に司法（実務）修習を施せば、法曹としての活動を始めることが許される程度の知識、思考力、分析力、表現力などを備えているかどうかを判定することを目的とすべきである。

新司法試験の内容がそのようなものとなれば、法科大学院修了者のうち相当程度が新司法試験に合格し、法曹養成のための高度専門教育機関としての法科大学院に期待される役割が実現されるものと思われる。なお、法科大学院の教育内容を十分に修得したと認められる者には、広く司法（実務）修習を受ける機会を与えるべきであり、司法（実務）修習の受入体制が司法試験合格者数の上限を画する結果となることを避けるべきであるとの意見もあった。

法科大学院教育と新司法試験との関係を制度的に明確なものにするためには、前述のような法科大学院の評価（認定）に関する機構によって認定された法科大学院の修了を新司法試験の受験資格とすることが望ましいが、その場合、制度の開放性や公平性の徹底の見地から、法科大学院の入学者に対する経済的援助や夜間大学院、通信制大学院の開設などの方策を講じることが特に重要となる。これに加えて、社会的に納得できる理由から法科大学院への入学が困難な者に対して、別途、法曹資格取得の例外を認めることも検討に値する。しかし、法科大学院を中核とした法曹養成制度を採用するのであれば、本来は、多様な人材が支障なく法科大学院で学ぶことのできる環

法曹養成機関としての教育水準を確保するために、第三者評価のための適切な基準を策定し、その基準に基づいて継続的な評価（認定）を行う機構を設ける必要がある。

法科大学院の第三者評価（認定）の基準や機構の具体的な内容については、米国のアメリカ法曹協会（ABA: American Bar Association）やアメリカ・ロースクール協会（AALS: Association of American Law Schools）のアクレディテーション（accreditation「認定」）制度等を参考とし、我が国の大学院設置基準や設置認可手続との関連にも留意しつつ、関係者から構成される組織を設けて具体的に検討する必要がある。

このような検討は、法科大学院の第三者評価（認定）、設置認可、司法試験の受験資格に関する基準が、法科大学院の教育水準の維持・向上を図り、質の高い法曹を養成・選抜するという共通目的によって統合され、有機的に関連し、実質的に重なり合うことが望ましいという観点に留意して進められるべきである。

法科大学院の評価（認定）基準の策定とその実施に当たる機構は、法科大学院・文部省・法曹関係者に、それ以外の学識経験者も加えて組織し、定期的に各法科大学院の評価（認定）を実施した上、その結果を踏まえて是正勧告や場合によっては認定の取消しも行うものとすべきである。

第三者評価（認定）の具体的な基準については、次のような項目に関する規定が必要である。

・組織と運営（経済的基盤、自己評価システム、運営体制など）
・教育課程（教育目的、カリキュラム、成績評価、教育方法、修了要件、授業日数など）
・教員組織（教員の資格、専任教員数、学生・教員比、実務家教員の数ないし比率など）
・入学者選抜（受験資格、入学試験、情報開示、（定員に対する）入学者数、学生支援制度など）
・施設設備（講義室、研究室、図書館などの施設、図書雑誌などの整備）
・その他（適当な事務組織の設置）

以上のような基準の策定に当たって、特にカリキュラムについては、コア科目などの必置科目や修了に必要な単位数など、最低限にとどめ、それ以外の事項については各法科大学院の創意工夫による独自性・多様性を尊重し、それぞれ特定の分野に力点を置いたカリキュラムを編成して独自性を発揮する法科大学院が設立されるなど、相互に競争しつつ多様な法曹を養成するという柔軟なシステムが実現されることを促進する基準とすべきである。

また、法科大学院の教育水準の維持・向上を図るためには、評価基準・評価手法・評価結果について、情報公開が必要である。

(3) 法科大学院の第三者評価（認定）と設置認可及び司法試験受験資格との関連

法科大学院の第三者評価（認定）の仕組みを創設するに際しては、大学院としての設置認可との関係及び司法試験の受験資格との関連が問題となる。

法科大学院の第三者評価（認定）の仕組みは、新たな法曹養成機関としての水準の維持・向上を図るためのものであって、文部省が行う大学院としての設置認可や司法試験管理委員会が行う司法試験の受験資格認定とは独立した機能と意義を有するものであるから、基準の策定や運用に当たっては、それぞれの機能と意義を踏まえた適切な関連が確保される必要があることに留意しつつ、以下のような方向で具体的な仕組みを検討することが望ましい。

法科大学院の第三者評価（認定）基準と設置認可基準とは、重要部分で実質的に重なり合う部分が多いが、評価（認定）基準が、法科大学院の教育水準の維持・向上を図るという目的に合わせた定性的なものであるのに対して、設置認可基準は、最低水

なお、以上のような教員組織に関する基準については、新制度への円滑な移行を可能にするため、柔軟で現実的な運用が必要となろう。

(5) 多様な設置形態と適正配置

現実的には、既存の法学部を持った大学に法科大学院が設立されるケースが多いと思われるが、特定の大学の法学部に基礎を持たない形態の法科大学院（独立大学院）や、幾つかの大学が連合して法科大学院を設置すること（連合大学院）なども、制度的に認められるべきである。

夜間大学院などの多様な形態により、社会人等が容易に学ぶことができるよう法科大学院の開放性・多様性の確保に努めるべきである。また、通信制法科大学院についても、法科大学院の教育方法との関連で検討すべき課題は残っているが、高度情報通信技術の発展などをにらみつつ、積極的に対応する必要がある。

法科大学院は、法科大学院における学習の機会を広く確保するため、全国的に適正に配置されなければならないとの要請を踏まえつつ、地域を考慮した全国的な適正配置のための政策的配慮が必要である。

以上の点に関して、その実現に向けて具体的な検討が進められるべきである。

(6) 資力が十分でない入学者に対する援助の必要性

授業料については、学生や親の家計負担があまり重くならないよう配慮しなければならない。また、資力が十分でない者が経済的理由から法科大学院に入学することが困難となることのないように、格別の配慮が必要であり、奨学金、教育ローン、授業料免除制度等の各種の支援制度が整備されるべきである。

(7) 法科大学院の財政基盤の確立

大学院レベルの少人数教育であることから、法科大学院の人的・物的設備を基準に合わせて整備するためには、その設立・運営に多額の費用がかかることが予測される。司法の人的基盤の整備の一翼を担うという法科大学院の公共的使命にかんがみれば、厳しい財政事情の中においても、国公私立を問わず、適切な評価を踏まえつつ、公的資金による財政支援が不可欠である。

(8) その他

法科大学院修了者に対して付与される学位は、他の大学院修士課程の修了者と同様に修士とすることも考えられるが、3年制とする場合には、国際的通用性も勘案しつつ、例えばアメリカのロースクール修了者に与えられる J.D.（Juris Doctor）に相当する法科大学院独自の学位（専門職学位）を新設することも検討する必要がある。

また、留学生の受入れなど、国際化に対応する体制の整備も検討課題である。

4　法科大学院の設置と第三者評価

(1) 設置及び第三者評価に関する基本的な考え方

法科大学院の設置認可は、関係者の自発的創意を基本としつつ、法科大学院の設置に必要な一定の客観的基準（専門大学院の設置基準との関係を明確にする必要がある。）を満たしたものを設置認可することとし、広く参入を認める仕組みとする。ただし、その客観的基準は、法曹養成の中核的機関としての使命に相応しく、従来の大学院のものよりも一層厳格なものでなければならない。

法科大学院の法曹養成機関としての教育の質・水準を確保する観点から、教育効果などの継続的な事後審査を厳正に行い、客観的な第三者評価を行う体制の整備が肝要である。

(2) 第三者評価の具体的な在り方

当ではないとの理由から、統一的に試験を実施する方式を支持する意見もあった。他方、法科大学院が学問の自由を基盤として多様な学風をもつ大学に設置される大学院として構想されることにかんがみ、各大学の判断に委ねることを基本とするべきであるとの意見もあった。この点については、多様な背景を持つ者に開かれた、公平な入学者選抜のための入学試験の在り方という視点から、統一的な試験を実施する方式に関する実施主体やその有効性など技術的問題の検討などを行った上、その結果を評価基準の中に盛り込むべきである。

(4) 教員組織

法科大学院の教員組織に関する基準は、新たなシステムである法科大学院としてのあるべき姿から設定され、その教育内容に対応したものとされるべきことは当然である。法科大学院は、少人数で密度の濃い教育を行うものであるから、従来の大学院より多数の専任教員を必要とする。また、法科大学院が、法曹養成を目的として法学教育を高度化し理論的教育と実務的教育との架橋を図る以上、いわゆる実務家教員が不可欠である。教員組織に関する基準の策定に当たり参考となるものとして、専門大学院の基準があるが、法科大学院の設置基準を専門大学院の枠内で構想するかどうかは、今後の検討課題である。

実務家教員の数、比率については、法科大学院のカリキュラムの内容や司法（実務）修習との役割分担との関連で適正な数ないし比率を考えるべきである。実務家教員については、専任教員といってもある程度の期間の任期が付されてもよいこととするなど、任期や勤務形態について柔軟に基準を運用することも考えられる。さらに、この関係で、弁護士法や公務員法等に見られる兼職・兼業の制限等についても所要の見直し・整備がなされるべきである。

法科大学院の指導適格教員の基準も、従来の研究者養成を主眼とした大学院の研究指導教員の場合とは役割を異にする面があるので、法科大学院の教育内容・方法に合わせて設定されるべきである。すなわち、教員資格に関する従来の基準は、博士の学位や研究業績を重視するなど、研究者養成という大学院の目的に相応するものであったが、法科大学院においては、法理論教育に重点を置きつつ、実務家教員と連携して法理論教育と実務教育との架橋を図ることを目指すべきであるから、教育実績や教育能力、実務家としての能力と経験を大幅に加味した資格基準が考えられるべきである。

実務家教員としては、狭義の法曹のほか、法律職公務員などの官公庁関係者、企業法務・知的財産部所属の企業人、税理士・公認会計士、外国人弁護士などが考えられる。実務経験は3年から5年程度は少なくとも必要であるが、むしろ実質的な要件が重要な意味をもつと考えられる。基幹科目については、その性質上、一般の民事又は刑事の問題について幅広い知識と経験を持つ実務家の参加が特に必要とされる。特化した実務能力と経験を持つ実務家の発見と評価は比較的容易かもしれないが、一般の民事又は刑事について幅広い知識と経験を持つことをどのように判定するかについてはなお検討が必要である。

教員の採用は、各法科大学院が行うことになるが、教員候補者の教育能力・教育意欲及び教育実績を重視した採用に努めるとともに、教員の流動性及び多様性が高められるよう配慮することが望まれる。

また、法科大学院の教育の質の充実を図るためには、教員自身の教授能力の向上のための教育内容・方法についての組織的な研究・研修（ファカルティ・ディベロップメント（FD））活動への積極的な取組、優れた教材の開発と作成のための継続的な努力や、さらには学生による授業評価の導入などの積極的取組が求められる。

を備えた入学者選抜とするためには、その中心的部分として入学試験を行うことが不可欠と思われる。

（イ）入学試験

入学試験の基本的考え方としては、法科大学院における法学教育の完結性を前提とし、入学試験の開放性を徹底するならば、法学既修者として入学を希望する者と法学未修者として入学を希望する者とについて同一内容の試験を行うことが考えられる。その内容は、性質上、法律学についての知識を試すのではなく、法科大学院における履修の前提として要求される共通の資質、すなわち判断力、思考力、分析力、表現力などを試すことを目的とする適性試験となろう。この適性試験については、例えば、米国のLSAT（Law School Admission Test）を参考にし、これを我が国に適したものに改良することが考えられる。他方、法学既修者として入学を希望する者と法学未修者として入学を希望する者の入学前の学修状況の相違に配慮し、これらの者を分けた試験を行うことも考えられる。その内容は、法学既修者として入学を希望する者については、法科大学院の基礎科目の履修を省略できる程度の学力を備えているかどうかを判定する法律科目試験となり、法学未修者として入学を希望する者については、適性試験となる。ただし、選抜の公平性を確保するという観点から、このような区分をすべきではないとの意見もあった。

入学試験は、修業年限として3年制のみによる場合には、全ての出願者について適性試験を行うことになるものと考えられる。一方、制度上の標準修業年限は3年とし、併せて短縮型として2年での修了を認める場合（併存制）には、①全ての出願者について適性試験を行い、入学を認めた上で、修業年限短縮希望者にはさらに修業年限短縮試験としての法律科目試験を行うとする考え方、②全ての出願者について適性試験を行い、法学既修者として出願する者には併せて法律科目試験を行うとする考え方（①との違いは、入学定員の中に法学未修者枠と法学既修者枠を予め設定するか否かにある。）、③法学未修者として入学を希望する者には適性試験、法学既修者として入学を希望する者には法律科目試験（実質的には適性試験の性質を持つことも考えられる。）を行うとする考え方（②と同様に、入学定員の中に法学未修者枠と法学既修者枠を予め設定する。）があり得る。それぞれ一長一短があるが、修業年限として併存制を認めることを前提とする場合には、入学定員の中に法学未修者枠と法学既修者枠を予め設定することが現実的な制度運営としては必要である。このことからすれば、②又は③の妥当性が高いと考えられる。また、公平性、開放性、多様性という法科大学院に関する基本的理念からすれば、法学既修者として出願する者にも適性試験を課する方がより適合的だと考えれば、③よりも②が妥当ということになる。適性試験や法律科目試験に加えて小論文や面接等を組み合わせるかどうか、組み合わせる場合の配点比率をどうするか等については、各法科大学院が教育理念においてそれぞれの個性を持つことを考えれば、各法科大学院の自主的判断に委ねてもよいと考えられる。

いずれの場合でも、公平性、開放性、多様性という法科大学院の基本的理念に則り、他学部出身者や社会人等を広く受け入れるため、これらを一定割合以上入学させるなどの措置を講じる必要がある。

また、試験の実施の具体的方法については、各法科大学院の自主的判断に委ねるとの原則に立つとしても、法科大学院が連合して試験内容を検討し、統一的に試験を実施する方式と、各法科大学院が独自の試験を実施する方式とが考えられる。この点については、法科大学院が全国的規模の法曹養成機関として位置づけられる以上、客観性・公平性を確保する必要性が特に高く、個別法科大学院の試験のみに委ねるのは適

べきものと考えられる。
　② 教育方法
　各法科大学院における教育内容及びカリキュラムの基本部分はある程度共通のものでなければならないとすれば、それに連動して、教育方法（授業方式）についても一定程度の標準化が必要である。
　教育方法（授業方式）としては、（ア）講義方式や、（イ）少人数の演習方式、（ウ）自力で学説等を調査し、レポート作成、口頭報告させるといった方法が必要かつ有効であり、さらには、（エ）教育補助教員による学生の個別的学習指導なども適宜活用していくことが重要である。
　法科大学院の授業については、一方的なものであってはならず、インテンシヴで双方向的なものとし、セメスター制（ひとつの授業を学期（セメスター）ごとに完結させる制度）等の採用により授業をなるべく集中的に行うべきである。
　とりわけ少人数教育を基本とすべきである。コア科目など、一定科目について１クラスの適正学生数の基準を設定する必要はあるとしても、画一的に統一的なクラス編制の基準を設定することが適切であるかどうかは、なお検討の必要がある。ただし、必修である基幹科目の授業の適正規模は、50人程度までであろう。
　また、「点」から「プロセス」による法曹養成制度へと転換し、法科大学院を修了した者のうち相当程度が新司法試験に合格するような制度とするためには（司法試験との関係については15頁参照）、法科大学院で厳格な成績評価及び修了認定を行うことが不可欠である。
　そのため、ある段階（例えば、初年度修了時）において、履修状況及び学業成績から見て一定の水準に達していない限り、その段階以降の履修を認めない制度を導入することなど、厳格な成績評価や修了認定の実効性を担保する仕組みを具体的に講じることが必要と考えられる。

　さらに、同一科目について複数の授業が設けられる場合には、担当教員間の教育内容・方法の標準化が検討されなければならない。評価・認定の客観性を担保する点では、複数教員による成績評価や試験問題の共通化などを図る必要がある。
　修了認定の基準としては「一定の成績水準を満たすこと」を修了要件とし、これを下回る成績しか残せなかった学生には修了認定をしないことや、修了認定に当たって修了試験を課すこととすることなども考えられる。

(3) 入学者選抜
（ア）基本的仕組み
　法科大学院の入学者選抜に当たっては、公平性、開放性、多様性を確保すべきである。
　まず、出願資格については、通常の大学院入学資格が適用されることになり、学部卒業が原則であるが、学部を卒業していない者であっても、各法科大学院が行う資格審査によって出願資格の認定が可能である。また、法学部か否かを問わず、学部を3年で卒業して出願することも、あるいは学部3年からのいわゆる飛び級として出願することも可能である。
　次に、入学者選抜の基本的考え方としても、特に多様性を確保し、プロセスとしての教育を重視する観点からすれば、学部における学業成績や学業以外の活動実績、社会人としての活動実績などを総合的に考慮して合否を判定すべきである。もっとも、これらの学業成績や活動実績などをどのような方法によって評価し、また判定に当たってどの程度の比重を与えるかは、各法科大学院がどのような理念の下に教育を行うかという問題と密接に関連するので、各法科大学院の自主的判断に委ねるべきである。
　以上に述べた基本的考え方を踏まえ、広く国民の納得が得られる公平性及び客観性

2年次…C群（基幹科目）が中心（問題解決能力や事案分析能力などを高めるためのより徹底した事例研究や判例研究、事実認定論や要件事実論等の実務的観点を取り入れた学習に重点）
　3年次…D群（先端的・現代的分野科目）、E群（国際関連科目）、F群（学際的分野科目）、G群（実務関連科目）が中心（各法分野の体系的・実践的理解の定着を図るとともに、法曹としての幅広い専門的学識を培う学習に重点）
　修業年限を短縮して2年次から履修を開始する場合は、コア科目のうち、発展的ないし応用的な教育を重視した履修内容となる。また、その場合も、B群（法曹基本科目）については、入学後できるだけ早い段階での履修が必要とされよう。
　（オ）各科目群の性質
　A群（基礎科目）とC群（基幹科目）は、A群が法科大学院のすべての学生が法科大学院で学ぶ上でのミニマムの学識であるのに対して、C群はA群をより細密な分野にまで深く押し広め、問題解決能力、事案分析能力などを高めるためのより徹底した事例研究、判例研究を中心とし、また、理論的観点のみならず実践的な観点からの考察（事実認定論や要件事実論等の実務的観点を取り入れた法学教育）を駆使した授業として構成されるものである。
　C群（基幹科目）については、必ずしも実定法ごとの教育に固執する必要はなく、例えば、民事系（民法・商法・民事訴訟法）、刑事系（刑法・刑事訴訟法）といったまとまりとして設置することなどにより、実体法と手続法、複数の法領域の間の有機的な連関を重視するという観点から、体系的な理解を踏まえた理論の応用・活用、そして実務との整合性のとれた教育ができるようなカリキュラムを構築すべきである。
　（カ）教育内容面での司法（実務）修習との関係
　法科大学院での教育と司法（実務）修習との関係については、多様な意見があった（17頁参照）。
　教育内容の面では、現行司法修習の前期修習における民事裁判講義、刑事裁判講義、検察講義、民事弁護講義、刑事弁護講義といった科目を、法科大学院において基幹科目としての民事法、刑事法として実施できるのではないかとの意見もあったが、いずれにしても、法科大学院が実務上生起する問題の合理的解決を念頭に置いた法理論教育を中心とする以上、体系的な理論を基調としつつ実務との架橋を強く意識した科目として構成する必要がある。そのような観点から、授業内容・方法、教材の選定・作成等について、実務家教員との共同作業などの連携協力が必要とされよう。
　また、現行司法修習の前期修習における選択必修科目として、民事関係、刑事関係の実務家及び研究者による各種の講座が設けられているが、これらのうちにも、法科大学院で実施することが適当と考えられるものがあり、それらは、法科大学院の1年次における外国法や2～3年次におけるD群（先端的・現代的分野科目）、E群（国際関連科目）、F群（学際的分野科目）の科目として教育を行うことが可能であろう。
　（キ）実務家教員
　実務家教員が担当すべき授業については、大別すると、①科目の内容によって実務家教員が担当するとの考え方、②原則としてすべての授業について実務家教員が分担するとの考え方があり得る。いずれにしても、実務家教員との間の様々な面での連携が重要になる。
　（ク）修了に必要な単位数
　法科大学院は新たな法曹養成制度の中核的機関として構想されるのであるから、実務上生起する問題の合理的解決を念頭に置いた法理論教育を十分に行うことが必要であり、そのため、修了要件としての修得単位数は、現行の修士課程よりも高く設定す

（ア）基本的考え方

法科大学院における教育内容の統一性を確保するための基準は、後述の法科大学院の第三者評価（認定）との関連で主として問題となる。また、最低限の教育水準を確保するための重要な要因である教員配置に関する基準は、大学院としての設置認可の場面で主として問題となる。いずれにしても、これらの基準は必要最低限のものにとどめ、それ以外の事項については各法科大学院の創意工夫による独自性・多様性を尊重すべきであるという意見が大勢であった。

（イ）開設科目群

開設科目群としては、例えば、大要以下のような科目群が考えられる。

A　基礎科目（基本的な法分野についての体系的な学識の修得のための科目）

例：憲法、民法、刑法、訴訟法、外国法を含む基礎法　等

B　法曹基本科目（あるべき法曹としての考え方や、法律情報を整理・分析し、駆使できる能力の涵養のための科目）

例：法曹倫理科目、法律情報に関する基礎的教育　等

C　基幹科目（基本的な法分野についての学識・理解の深化、法的思考能力・分析能力の向上のための科目）

例：憲法、民事法（財産法）、刑事法（刑法）、商法（会社法）、民事訴訟法、刑事訴訟法　等

D　先端的・現代的分野科目（現実の諸問題の創造的な解決能力や多元的・複眼的な法的思考能力を涵養するための科目）

例：知的財産権法、租税法、行政法、労働法、執行・保全・倒産法、環境法等

E　国際関連科目（法曹としての国際的感覚を涵養するための科目）

例：国際法、国際私法、国際取引法　等

F　学際的分野科目（法曹に期待されるバックグラウンドとしての幅広い視野を養うための科目）

例：法と経済、法と医療、法と家族、法と公共政策　等

G　実務関連科目（修得した学識を踏まえ、実践を通じて法的思考能力、現実的問題意識を一層高めるための科目）

例：クリニック、エクスターンシップ、民事・刑事裁判演習、紛争解決・交渉技法演習　等

（ウ）必置科目

法科大学院がプロセスとしての教育を重視する以上、法曹として備えるべき資質・能力の育成を目指しつつ、全体として基本的な法分野についての体系的理解をまず前提として、これを発展させ、深化させるカリキュラムが基調となる。これを踏まえるならば、上記の科目群のうち、A群（基礎科目）、B群（法曹基本科目）及びC群（基幹科目）をコア科目とし、これらを中心として、D群（先端的・現代的分野科目）、E群（国際関連科目）、F群（学際的分野科目）、G群（実務関連科目）などをカバーする多様なカリキュラム編成が可能となる。

コア科目については、各法科大学院が必ず開設すべきもの（必置）とする。さらに、G群（実務関連科目）についても必置とするが、科目によっては、その性質上、それを実施するための諸条件の整備が必要であり、その整備状況を踏まえつつ、具体的な科目やその内容は各法科大学院がそれぞれ工夫すべきものである。D群（先端的・現代的分野科目）、E群（国際関連科目）及びF群（学際的分野科目）については、各法科大学院での創意に基づく独自性が強く期待される。

（エ）年次配当

年次配当については、例えば、次のように考えられる。

1年次…A群（基礎科目）、B群（法曹基本科目）が中心（およそ法科大学院の学生であれば修得しておかなければならない基本的な法分野の学習に重点）

① 今後の法曹養成に期待される機能のうち、特に、理論的教育と実務的教育を架橋するものとして、専門的な法知識に関する批判的創造的視点及び法曹の人間的バックグラウンドとしての幅広い視野を身に付けさせるためには、学問の自由を基盤として多様な学風を持つ大学において教育を行うことが効果的であると考えられること

② 諸外国においても、法曹養成の基幹となる機関は大学であること

③ 教員スタッフや施設・設備等の人的物的状況から考えて、法科大学院を運営する主体としては大学を基礎とするのが現実的であると考えられること

④ 現に、これまでに様々な主体から発表された具体的な法科大学院構想の圧倒的多数が大学を基礎とするものとして構想されていること

なお、法科大学院を設置するためには、既存大学を拠点としなければならないわけではなく、例えば、弁護士会や地方自治体など大学以外の組織が学校法人を作り、法科大学院の設置基準を満たせば、法科大学院を設置し得ることはもちろんである。既存の大学を拠点とする法科大学院と、これらの新しいタイプの法科大学院が競争して、それぞれが理想とする多様な法曹を養成する柔軟なシステムが展開されることが望ましい。

法科大学院の設置の後も法学部は存続することを前提に、法曹養成のための法学教育については、法科大学院が責任を負うことになる。その場合、法学部を、法的素養を備えた人材を社会の多様な分野に送り出す養成機能を持つ組織とするか、あるいは、その機能に加えて法科大学院の教育課程の基礎部分を実施する機能をも併有するものとするかは、各大学の判断に委ねることになる。ただし、これに対しては、法学部は、法的素養を中心としたリベラルアーツ教育を行うなどその使命を明確化すべきであるとの意見があった。

21世紀の法曹には、経済学や理数系、医学系など他の分野を学んだ者を幅広く受け入れていくことが必要である。社会人等としての経験を積んだ者を含め、多様なバックグラウンドを有する人材を多数法曹に受け入れるため、法科大学院には学部段階での専攻分野を問わず受け入れ、また、社会人等にも広く門戸を開放する必要がある。

法科大学院を大学に設置することとした場合、従来の研究中心の考え方から真の教育重視への転換など、大学には変革に向けて相当な努力が求められることは言うまでもない。

3 法科大学院の基本的枠組み

(1) 標準修業年限

法科大学院の定められた教育課程を修了するのに必要とされる標準的な年限(標準修業年限)については、法科大学院において必要とされる法律学の基礎的な学識を有していない者(以下「法学未修者」という。)に3年間の教育を行うことを原則とする考え方(3年制)と、法学部を卒業しているか否かにかかわらず、上記の学識を有すると法科大学院が認める者(以下「法学既修者」という。)に2年間の教育を行うことを原則とする考え方(2年制)がある。

修業年限を3年とするか、2年とするかについては、広く法曹資格取得希望者に開かれた機関としての法科大学院の性格上、2年制のみとすることは考えられず、3年制又は3年・2年の併存制とならざるを得ない。したがって、制度上の標準修業年限は3年とし、併せて短縮型として2年での修了を認めるとの意見が大方であった。他方、科目の履修免除はともかく、原則として修業年限の短縮を認めるべきではないとの意見もあった。

(2) 教育内容・方法
① 教育内容

【資料3】法科大学院（仮称）構想に関する検討のまとめ—法科大学院（仮称）の制度設計に関する基本的事項

2000年9月　　　　　　　法科大学院（仮称）構想に関する検討会議

はじめに

本検討会議は、平成12年4月27日、司法制度改革審議会から「(1) 新しい法曹養成制度の一環としての法科大学院（仮称）構想に関し、入学者選抜の方法、教育内容・方法、教育体制等についての基本となるべき事項を、司法試験及び司法（実務）修習との有機的な連携に配慮しつつ、大学関係者及び法曹三者の参画を得て適切な場を設けて検討の上、その結果を提出すること。(2) 検討の際、法科大学院（仮称）における教育内容・方法等との関係で司法試験及び司法（実務）修習の在り方についての意見があれば、付言して提出すること。」について協力依頼を文部省が受けたことにより設置され、同年5月より12回にわたり、法科大学院（仮称）（以下単に「法科大学院」という。）制度の具体的内容について専門的・技術的見地からの検討を行った。検討に当たっては、司法制度改革審議会から提示された「法科大学院（仮称）に関する検討に当たっての基本的考え方」（以下、「基本的考え方」という。）に示された公平性・開放性・多様性等の基本的諸条件、及び、法曹人口について同審議会が夏の集中審議で示した「現在検討中の法科大学院構想を含む新たな法曹養成制度の整備の状況等を見定めながら、計画的にできるだけ早期に、年間3000人程度の新規法曹の確保を目指していく」との基本的認識を踏まえ、かつ、大学・法曹関係者等の意見をも参考にした。以下は、その結果を取りまとめ、司法制度改革審議会に報告するものである。

1　法曹として備えるべき資質・能力と法曹養成の基本理念

法曹として備えるべき資質として、「豊かな人間性や感受性、幅広い教養と専門的知識、柔軟な思考力、説得・交渉の能力等の基本的資質に加えて、社会や人間関係に対する洞察力、人権感覚、先端的法分野や外国法の知見、国際的視野や語学力等」（「基本的考え方」）が一層求められており、今後の法曹養成教育は、このような資質を備えた者が法曹となるように、「『点』のみによる選抜ではなく法学教育・司法試験・司法修習を有機的に連携させた『プロセス』としての法曹養成制度」（「基本的考え方」）に変革することを基本理念とするものである。

2　今後の法曹養成のための法学教育の在り方—法曹養成のための法学教育の担い手としての法科大学院—

次のような観点から、法科大学院は、法曹養成に特化した実践的な教育を行う大学制度上の大学院として構想することが適切である。

了時に実施主体たる研修機関は法曹資格付与のための成績認定を行う。法曹資格付与に不充分と認定された者には、さらに修習を要求する。

以　上

なり、毎日勉学に打ち込むことが求められる。
（1）司法試験の合格率を後述するように7割程度とする以上、法科大学院の修了要件を厳しくする必要がある。法曹養成の中核として法科大学院を位置づける以上、法科大学院生のうち一定基準に達しない者は進級・修了できないシステムを確立する。
（2）法科大学院修了者には、JD（Juris Doctor［法務博士］・仮称）の資格を与える。

12　新司法試験の性格
（1）法科大学院の修了者に新司法試験の受験資格を与えるものとする。現行司法試験は、新司法試験への移行期間（周知期間と合わせて数年程度）のみ存続させる。
（2）新司法試験の実施・運営は、弁護士会を中心として法曹三者で構成する新司法試験管理委員会が行う。
（3）司法試験はこれを競争試験ではなく、純然たる資格試験として運用する。
（4）新司法試験の内容は、法科大学院における教育の実をあげ、その健全な発展を確保する見地から、法科大学院における教育内容と整合性のあるものとする。具体的イメージとしては、民事系・刑事系・法曹倫理の3系統で統合的科目を設定し、各々複合的な仮設事例に関して異なる当事者の代理人としての立場から事件処理計画、弁論計画、理論構成を論じさせる等、分析力と実務的処理能力の総合的判定を行うことが考えられる。
（5）新司法試験の合格率は7割程度の試験とする。合格率を高くすることの反映として、3回の回数制限を導入する。
（6）新司法試験の実施時期は、法科大学院における教育期間を十分なものとするため、法科大学院修了後に行う（例えば「4月実施・6月発表」を想定する）。

13　実務修習
法科大学院においては、実務に必要な理論教育はすべて終了することを原則とする。これは、理論教育の一部を法科大学院から切り離すことは、その部分について実務と理論の融合を事実上困難にするからである。
したがって、現行の司法修習のうち、法科大学院設立後になお意義を有するのは、現実の実務を体験する実務修習の部分である。
（1）法科大学院を修了し、新司法試験に合格した者に対しては、実務修習を行う。実務修習は、既に法科大学院で実施している基礎的臨床実務教育（クリニックやエクスターンシップ）を踏まえて、単独で弁護士業務にあたりうる最低限の能力を涵養することを目的とする。
（2）実務修習は、1年間行う。法律事務所における弁護修習を基礎とするが、裁判所、検察庁、立法法務、自治体法務、企業法務などの修習も加える。またNPO等の非営利の民間機関やボランティア活動等の社会修習も実施する。

14　実務修習の実施主体
法曹の大半が弁護士となること、訴訟実務以外の様々な分野への法曹の進出が予定されていることを考慮すれば、最高裁が修習を担当することは適当ではない。
（1）実務修習の実施主体は、弁護士会を中心とした法曹三者で構成する研修機関とする。
（2）この機関は、円滑かつ充実した実務修習の実施に関する事務を司るのみであって、現在の研修所における前期修習、後期修習の集合修習は行わない。
（3）実務修習期間中は、公費による給料を支給する。ただし、予算の範囲内との名目により修習生の人数制限が行われないよう留意する。
（4）実務修習についても実務修習履行の確認として成績をつけるものとし、修習終

る補助業務)。1科目選択必修。1学期間も実習で2単位。法律相談とエクスターンシップの各々に専任教員をディレクターとして配置する。
（4）3年次後期の15単位に対して、下記の2科目合計14単位を必修科目として導入し、民事・刑事の法廷活動を想定し、修習用記録設例などを使い、法的論点の分析・抽出、主張立証責任の分配の検討、それを踏まえた事実認定、および各種法的文書の起案、その添削・講評等を行う。
　a　民事裁判実務演習
　b　刑事裁判実務演習

9　法科大学院の教員

　法科大学院が法曹養成を目的とすることから、教員組織には、実務家が含まれるべきである。両者の協働作業は、実務と理論の融合にも資する。もっとも、法科大学院は、研究教育機関であり、そこでの法律科目を担当する実務家教員は、実務家の中で研究・教育を行う意欲と能力を有する者が、法科大学院の教員となるのである。ただし、法科大学院のカリキュラムの中で、臨床実務科目と民事裁判実務演習及び刑事裁判実務演習担当教員には、研究能力を要求する必要はない。いずれも司法研修所教官に準じ、優れた実務家のうち教育に熱意のあるものがなるべきである。
（1）法科大学院の教員には、現在の大学の教員に、法曹実務家を常勤または非常勤の教員に加え、両者が協働して教育を行う。特に、法的情報調査・法的文章作成、クリニック（無料法律相談所または付属公益法律事務所）、エクスターンシップ等の実務教育科目の担当教員として、法曹実務家をパートタイムで雇用するほか、実務教育全体の管理、プランニング、研究等を行うために相当の経験と理論的関心を有する法曹実務家をフルタイムの教員として採用することを、設置基準によって義務付ける。
（2）現在の大学教員に対する実務研修を設け、法解釈学のみの視点にとどまらず実務的視点を体得させる。
（3）実務家に対する教員研修を設け、法科大学院の教員になろうとする者に、法理論的視点を体得させる。この教員研修として、法科大学院における継続教育としての実務家コースも検討する。
（4）大学教員については、弁護士法5条3号を利用し、大学教員が実務経験を積むことを積極的に推進する。
（5）実務家教員については、フルタイムの教員としてのみならず、パートタイム的な教員としても受け入れを可能にする。とくに、非常勤であっても時間講師の報酬とはせず、現在の司法研修所弁護教官程度の定額報酬を出し得るように制度を整える。また、実務家教員の確保を阻害する制度（国立大学教員の兼業禁止、弁護士法30条等）は廃止する。

10　学費等

（1）経済的理由から法曹への道を断念する事態が生じないように、あるいは働きながらも法曹への道を選択できるように、奨学金制度や学資貸与制度を充実する。あるいは夜間法科大学院など、資力の有無に拘わらず法曹への道を選択しうるような仕組みを構築する。
（2）奨学金や貸与学資金については、法曹資格取得後、公設事務所勤務や法曹一元実現前の任官等の公益性の高い職務に就いた場合には、返済の免除をする。
（3）法科大学院の学費が高額なものとならないよう、国立大学への補助、私学助成金の拡充を行う。

11　進級・修了要件

　法科大学院は、法曹を養成する機関として、従来の法学部・大学院とはまったく異なる存在である。そのことは、入学後の進級、また修了の判定についても同様である。法科大学院の学生は、今までの学生とは異

臨床経験科目として、法科大学院にクリニック（無料法律相談所または公益法律事務所）を併設し、教授あるいは実務家教員の指導のもと、無料法律相談、書面の作成等の臨床的実務教育も行う。また、法律事務所その他の組織へのエクスターンシップも実施する。いずれも、その教育的意義に応じて単位取得の対象とする。

基礎的法曹実務科目は、上述のとおり、1年目の基礎（法的情報調査・法的文章作成）、2年目のシミュレーション（面接・交渉技術演習）、3年目の臨床経験科目というプロセスを積み上げることによって、単なる社会見学・社会経験でない実務教育を効果的に行う。

（8）教官がチームを組んで行う授業なども導入しながら、科目別縦割り教育ではない紛争解決志向型の教育を目指す。

（9）J.D. 資格授与のために、論文（リサーチ・ペーパー）の提出を義務づける。

8 設置基準に明記すべき法科大学院コア・カリキュラムのモデル案

（1）法曹に必要な科目を履修させる課程であることと、予習・復習・実習等に多大の時間を費やすことの両面を考慮して、1学期につき15単位程度、3年間で90単位程度を適正な取得単位数として設定する。1学期間・1学年間に取得すべき単位数の上限と下限を定める。

（2）1年次には、前期・後期合計30単位に対して、下記のとおり、ソクラティック・メソッドによる基礎的実定法科目と、基礎的法曹実務科目を、合計28単位必修として導入する。

a　基礎的実定法科目A　憲法（3単位）、刑法（3単位）、民法（財産法・8単位）、商法（会社法・4単位）、民事訴訟法（3単位）、刑事訴訟法（3単位）。すべて必修。3単位は1学期科目、4単位以上は通年科目。各科目について、学生50名に対し1名の専任教員をつける。

b　基礎法曹実務A　法律学習と実務科目の基礎として、法的情報調査・法的文書作成の教育を行う。電子的資料検索・資料処理を含む。通年の実習で4単位。必修。25名の小グループ毎に専任教員1名をつけ、5名に1名程度の割合で3年次学生をチューターにつける。

（3）2年次前期・2年次後期・3年次前期の合計45単位に対して、下記のとおり、ソクラティック・メソッドによる基礎的実定法の追加科目、基礎的法曹実務の追加科目、法曹倫理科目、臨床経験科目等を、必修あるいは選択必修として展開する。合計14単位。

a　基礎的実定法科目B　行政法（3単位）、労働法（3単位）、家族法（3単位）、倒産・執行法（3単位）。すべて1学期科目。2科目選択必修。各科目について、学生50名に対し1名の専任教員をつける。

b　基礎的法曹実務B　インタビューとカウンセリングのシミュレーション教育。1学期実習で2単位。必修。25名の小グループ毎に専任教員1名をつけ、5名に1名程度の割合で3年次学生をチューターにつける。

c　基礎的法曹実務C　交渉とADRのシミュレーション教育。1学期実習で2単位。必修。25名の小グループ毎に専任教員1名をつけ、5名に1名程度の割合で3年次学生をチューターにつける。

d　法曹倫理　ソクラティック・メソッドにより、司法と法曹の社会的・公益的役割、わが国の法律史、および実務において倫理的判断を迫られる状況について分析し、弁護士倫理規定や法曹の法的責任が問われた裁判事例等を参照しながら討論する。1学期2単位。25名の小グループ毎に専任教員1名をつける。

e　臨床経験科目　法律相談（法科大学院付属の法律相談所または公益事務所におけるもの）、エクスターンシップ（法律事務所、検察庁、その他、外部機関におけ

本理念にも反する。
（1）法科大学院管理委員会の策定する認可基準を満たした法科大学院にはすべて設立を認め、人為的に設立制限をすることはしない。ただし、法曹の質の維持・向上という観点から、認可基準は必要十分に厳格なものとする。
（2）各高等裁判所管内に最低限1校の法科大学院が設置されるように考慮し、可能な限り各高等裁判所管内に2校以上の法科大学院が設置されるようにする。
（3）社会が必要とする数の法曹の養成ができるよう設立認可する。

7 法科大学院カリキュラムの基本方針

　法科大学院の意義は、実務と理論研究の統合であり、実務の問題点を理解した研究者が、法曹となることがほぼ確実である者に対して、学問研究の成果を生かした教育を行うことにより、社会の必要に対応できるように実務を発展させることができる法曹を養成することにある。法科大学院を通じて、学問の更なる発展と実務法曹の理論的レベルの向上が達成されねばならない。
　そして、カリキュラムの編成は、その趣旨に加えて、審議会で議論されている法曹の役割が広がることに留意して行われる必要があり、従来の大学院法学研究科の単純な延長上に考えられてはならない。
（1）法科大学院は、法曹実務家養成のための大学制度上の教育機関として、教育活動とともに実務的な関心に支えられた研究活動を奨励し、実務と理論研究の交流と統合を目指すものとする。
（2）法科大学院における教育は、法理論教育においては具体的問題の解決という実務的関心に支えられたものを指向し、実務教育においては実務の理論的批判を意識したものを指向して、理論研究と実務教育を統合することを基本理念とする。ここで注意すべきこととは、実務に関する理論的・技術的教育を構想するにあたっては、従前の研修所教育の内容にとらわれてはならないことである。研修所教育は、基本的に訴訟実務の教育であり、審議会の予定する法曹の幅広い活動分野は、研修所教育に相当するもののみではカバーしきれないからである。
（3）法科大学院では、法律の体系的な把握と理解に基づいて、創造的・批判的に思考する訓練を重視する。したがって、少人数教育を中心に据え、ケース・メソッド、ソクラティック・メソッドを導入する。
（4）プロセスによる選抜・養成を行うため、成績は厳格に評価する。
（5）実定法・手続法の主要科目及び法曹倫理を含む基礎的な法曹実務科目をコア・カリキュラムとして全法科大学院における必修科目とする。基礎法や業際分野あるいは現代的・先端的な法の諸分野に関する授業科目も選択科目として多様に揃えるものとし、選択科目の具体的な内容は各法科大学院の自主性にゆだねる。
（6）法曹倫理科目の重要性を明確にし、司法と法曹の社会的・公共的役割、わが国の法曹史、及び実務において倫理的判断を迫られる状況について具体的事例や設例を素材に分析し、弁護士倫理や職業責任に関する判例を参照しながら、ソクラティック・メソッドにより討論するものとする。なお各科目においても、それぞれ法曹倫理が問題となる局面を常に意識した教育を行う。
（7）基礎的な法曹実務科目としては、法的情報調査・法的文章作成を1年次に、面接・交渉技術演習（シミュレーション）を2年次に、民事裁判実務演習・刑事裁判実務演習を3年次後期の、いずれも必修科目とする。民事裁判実務演習・刑事裁判実務演習では、具体的事案を設例として、法的論点の分析・抽出、主張立証責任の分配の検討、それを踏まえた事実認定と法的文章の作成を行い、法科大学院終了後ただちに実務修習を行うことを可能とする。

での法学教育を前提としないことが適切である。法学部教育を前提とする制度を基本とすると、法学部以外の学部教育を受けた者は例外的存在として扱われることになり、その進学を抑制することになる。また法科大学院側もその受入れに消極的になりがちである。法科大学院は、それ自体で完結した法曹教育機関とならなければならないから、学士課程で法学以外を専攻した者を対象としても十分な教育を行いうる期間として、原則3年間を年限とすべきである。開かれた法科大学院とするための夜間大学院等の修業年限は、同等の内容のカリキュラムを消化できる期間とする。

（1）昼間フルタイム課程の修業年限は3年間とする。

（2）出身学部を問わず、法科大学院入学以前に1年次配当の法学基本科目に対応する科目を一定単位以上履修した者を対象に、法科大学院入学後に当該科目の期末試験と同一水準の能力検定試験を行い、十分な能力があると判定された場合には当該科目の履修を免除することを認める。ただし、当該科目の履修が免除されるのみであって、自動的に年限短縮を認めるものではない。

（3）夜間フルタイム課程の場合は、修業年限を4年間以上とし、昼間フルタイム・カリキュラムの同様の質と量のカリキュラムを設けるものとする。

（4）昼間課程・夜間課程ともにパートタイム制の設置を認める。その場合の必修科目・修了必要単位数も昼間フルタイム課程と同等とする。

（5）通信制の法科大学院は、対話型教育や実務技能教育の実施可能性を中心として、近い将来に結論を出すべく法科大学院管理委員会で検討を進める。その場合の必修科目・修了必要単位数も昼間フルタイム課程と同等とする。

（6）法科大学院修了者には法務博士（Juris Doctor, J.D.）の学位を与える。

5　法科大学院の認可・監査機関と外部評価機関

法科大学院は、大学制度上の大学院ではあるが、これまでの大学と同様に文部省の監督下に置くべきではない。法曹養成機関である性格から、認可・評価には、新しい枠組みが構成されるべきであり、そのために必要な立法措置がとられるべきである。

（1）法科大学院教育の質を一定水準以上に維持するために、設立認可基準を設けるとともに、各法科大学院に対して第三者評価を行う。

（2）日弁連、最高裁、法務省、および法科大学院の代表者が参加する法科大学院管理委員会を設立し、法科大学院の認可と監査を行わせる。同委員会は、法科大学院の設立認可基準を策定し、コア・カリキュラムを設定し、認可基準の充足度、地域的必要性等を考慮して、法科大学院の設立を認可する。同委員会は、数年ごとに各法科大学院の認可基準の充足度、カリキュラムの内容、司法試験の合格率等を確認し、欠陥があれば是正勧告を行い、勧告に従わない法科大学院に対しては、認可の取り消しを含む処分を行う。

（3）法科大学院の地域配分が自発的申請によっては満たせない場合には、当該ブロックに存在する各大学の連合による設置の奨励や中心となる大学への政策的設置などを行う。

（4）夜間制・パートタイム制のみの法科大学院も、設立認可基準を充足する限り、設立を認可する。

6　法科大学院の数と総定員

法科大学院教育の質は、法科大学院卒業者に対する評価に基いて担保されるべきものであるから、設置認可基準を充足するものである限り、人為的に大学院数を制限すべきではない。そのような制限は、設置を認められた大学の特権化を図るものであり、「公平」・「開放」・「多様」という基

配を実現するためには、行政の監督下にはない独立した法律家がより多くの分野に進出することが必要なのであり、法律専門職が細分化されて隣接職種が存在している現状を固定的に理解して、その養成を語るべきではない。公務員も、法曹が法曹として官庁に入ることをイメージすれば良いのであって、法曹と別個の存在として公務員を考える必要はない。

このような考え方によれば、具体案は、以下のようになる。
（1）狭義の法曹の養成を目的とする。
（2）法曹、とくに弁護士の役割は、法廷業務にとどまらず、多様な法廷外活動や専門化の可能性を含むものとして構想し、そのような広がりと柔軟性をもったカリキュラムを展開する。

2　法科大学院の出願資格

大学院レベルにプロフェッショナル・スクールを設置する最大のメリットは、法学以外の学問を専攻した者や多様な社会的経験を積んだ者を広く受け入れ得る「開放性」「多様性」にある。したがって、法科大学院の出願資格は、以下のとおり幅広く設定されなければならない。
（1）出身大学、出身学部、年齢、社会経験等にかかわりなく平等に出願し得る制度とする。
（2）何らかの原因によって大学に進学し得なかった者にも門戸を開くため、「学士号を有する者と同等の学力を有すると認められる者」という既存の例外規定を積極的に活用する。

3　法科大学院の入学選抜方法

選抜方法は、「公平」・「開放」・「多様」という法科大学院の基本理念が最も問われる場面であり、プロセスとしての法曹養成の成否にも直結する。

したがって、法律知識を審査することによって法学部出身者以外の入学が阻害されるような方法は認められず、また、一回性の入学試験だけを根拠に選抜を行うべきではなく、社会経験・学部成績などを考慮して、多様な要素を判断要素とする選抜を行うべきである。

また、法科大学院は、法曹養成という公的使命を有し、その終了が法曹資格取得と連動するので「公平」「開放」という基本理念が設けられたのであるから、法科大学院が、特定大学出身者によって占められることは、これに反することは当然であろう。具体的には、以下のとおり。
（1）入学以前の専攻分野にとらわれずに基礎的能力の判定を行う方法として、法律知識を試さずにアメリカのLSATのような判断力・思考力・分析力・表現力などを試す適性試験を導入して全出願者に課する。
（2）各法科大学院では、適性試験の成績に、学士課程の成績・履修状況（学士号取得者の場合）、他の大学院での成績・履修状況（他の大学院を修了した者の場合）、社会的経験、推薦状等を加味して総合的な評価を行う。各法科大学院の判断によって面接を行うことも認める。
（3）推薦入学制の導入や法学部の特定コースの修了を要求する等の制度によって自大学法学部出身者に制度上・事実上優先的地位を与えることは認めない。
（4）完全に公平で開放的な入学選考を行った場合にはむしろ他大学出身者、法学部以外の出身者、社会人等の入学が困難になると判断される場合には、それらの学生を一定割合以上入学させることを要求する制度も考慮する。その場合、他大学出身者は3分の2以上、法学部以外の出身者は3分の2以上、社会人は半数以上を適正と考える。

4　法科大学院の修業年限と学位

理科系学部の出身者を含む多様なバックグラウンドを持った学生を受け入れるためには、修業年限を3年間とし、かつ法学部

b）あるべき法科大学院の基本理念

このような存在意義を充足するためには、法科大学院の基本理念は以下のとおりでなければならない。

第一に、それは、法曹養成という公的任務を担う中核機関として、多様な学問的背景・社会経験や様々な価値感を幅広く法律家層に取り込むために、司法制度改革審議会が述べたように、「公平」・「開放」・「多様」という基本理念を実現するものでなければならない。

第二に、それは、法曹一元制を目指して、21世紀の社会にふさわしい質と量を備えた弁護士の養成を主眼とするものでなければならない。実務法曹の大半が弁護士であることを考慮すれば、弁護士の養成が主眼とされなければならないのは当然のことである。

2 新たな法曹養成制度の基本構想

（1）法曹養成課程の一部に位置付けられたプロフェッショナル・スクールとして、法科大学院を創設する。

（2）既存の法学部は、プロフェッショナル・スクールとしての法科大学院の存在を前提として、学士課程教育全体の再検討の動向を受け、法的素養を中心としたリベラルアーツ教育を行うなど、法科大学院とは別個の使命、目的、教育内容、および存在意義を有するものとして存続する。

（3）プロフェッショナル・スクールとしての法科大学院は、実務と理論研究が統合された新たな法曹教育機関として、実務法曹に必要な理論的教育を行うとともに、法曹の社会的使命と倫理的責任に関する感受性を涵養し、実務修習への移行に最低限必要とされる基本的法曹実務の教育を行うものとする。教育期間は原則として3年とする。

（4）法科大学院における法曹の社会的使命と倫理的責任に関する教育や、基本的法曹実務の教育においては、法曹の基盤でありまた最大集団であるとともに一般市民にもっとも直接的に接触する立場にある弁護士の養成を眼目とするものとする。

（5）法科大学院は、「公平」、「開放」、「多様」という基本理念により制度設計するものとする。

（6）法科大学院は、法学部卒業者、他学部卒業者、他大学卒業者、社会人、大学非卒業者のいずれに対しても広く門戸が開放されるものでなければならない。

（7）法科大学院は、経済的困難が法曹への道の妨げとならないよう、学資の援助あるいは夜間制法科大学院設置などを行う。

（8）法曹の一定の水準を確保するため、法科大学院の設置基準を策定し、法曹三者が加わる認定評価機関を設置する。設置基準は全国適正配置が実現するよう定める。

（9）法科大学院を中核とする法曹養成制度においては、法曹の質は体系的・総合的な法学理論教育・実務教育を集中的・双方向的に受けるというプロセス自体によって確保するのであるから、法科大学院修了を新たな司法試験受験資格とする。司法試験は純粋な資格試験とし、法科大学院教育に要求される内容・水準に基づいたものとする。

（10）司法試験合格後、1年間の実務修習を行う。実務修習は弁護修習を中心として、裁判・検察修習も行うものとし、実施機関として弁護士会を中心として法曹三者で構成する機関を設ける。

（11）弁護士会は、法科大学院の運営に積極的に協力し、実務修習の実施に主体的に関与する。

第2 具体的な内容

1 法科大学院の教育対象

法科大学院の教育対象は、当面狭義の法曹とすべきである。法科大学院は、隣接職種・公務員等をも養成対象とすべきとの議論があるが、これは妥当ではない。法の支

【資料2】法科大学院構想に関する一試案

2000年7月29日　　　　　　　　　　　　　　　　川端　和治

まえがき

　この試案は、本年4月15日に日弁連理事会が承認した正副会長会議の基本方針、及び正副会長会議の決議により現在理事会で審議中の臨時総会議案中に示された法科大学院構想に関する基本案に基づき、より具体的な案を法科大学院（仮称）構想に関する検討会議（以下、「検討会議」という）に示すために、検討会議バックアップワーキンググループの検討を経て作成された案である。なお、本日のシンポジウムで、本案をあくまでも一試案として公表することについては正副会長会議で承認されたが、基本的に私個人の責任で作成された法科大学院構想検討の一素材であるので、誤解のないようにあらかじめお断りしておく。

第1　基本理念と概要

1　基本理念
a）法科大学院の存在意義

　現在の日本においては、もっぱら法曹養成を目的とする正規の専門的教育機関は存在しない。大学法学部及び法学系大学院は法曹養成を目的とするものではないし、司法研修所は現行実務の研修（訓練）の機関であって、実務に対してその改善を目指して批判的な研究を行いつつその成果を学生に教育するという意味での教育機関ではないからである。しかし、そのことは、現在司法制度改革審議会で審議中の司法改革で前提とされている法曹人口の大幅増大を図りながら、なお法曹の質を維持・向上させることや、法曹とりわけ弁護士が21世紀の社会においてより多様な分野に進出し、新しい役割を担うことを困難にしている。

　法科大学院は、このような問題点に対する解答であり、実務と理論研究の統合を体現する新しい教育機関として、そこから育つ新しい法律家層の基盤となり、そのことにより法曹一元制を支える人的基盤を用意するものであるし、またそうでなければならないものである。

　現在の法科大学院の理念をめぐる最大の問題点は、大学の教員は、法曹養成に必要な実務の教育を具体的に知らないために、法科大学院をこれまでの法学部及び法学系大学院の延長としてしかイメージできず、一方、多くの弁護士は、法科大学院を、学問の自由に支えられた新たな法曹養成の中核的教育機関として、大学の教員と法曹三者とりわけ弁護士との共同作業で作り上げていく必要性に目覚めていないことにある。

　法科大学院は、大学法学部・法学系大学院や司法研修所とは理念と存在意義を異にする別個のプロフェッショナル・スクールとして、法曹養成課程の一部に位置付けられなければならないし、日本社会において法の支配を確立するための人的基盤である法曹の質的向上と大幅増員を可能にし、そのことにより法曹一元制の実現可能性を高めるものとして、大学教員と法曹三者の共同作業で、大学の大学院レベルに創設される必要があるのである。

ものでなければならない。
③法科大学院における教育は、先端的な法領域について基本的な理解を得させ、また、社会に生起する様々な問題に対して広い関心を持たせ、人間や社会の在り方に関する思索や実際的な見聞・体験を基礎として、法曹としての責任感や倫理観が涵養されるよう努めるとともに、さらに実際に社会への貢献を行うための機会を提供しうるものでなければならない。

　(3) 法科大学院の制度設計に当たって留意すべき事項

　法科大学院の制度設計に当たっては、公平性、開放性、多様性を旨とし、上記のような教育理念の実現を図るとともに、以下の点に留意しなければならない。
①法科大学院の設置については、適正な教育水準の確保を条件として、関係者の自発的創意を基本にしつつ、全国的に適正な配置となるよう配慮すること
②法科大学院における教育内容については、学部での法学教育との関係を明確にすること
③新しい社会のニーズに応える幅広くかつ高度の専門的教育を行うとともに、実務との融合をも図る教育内容とすること
④法科大学院における教育は、少なくとも実務修習を別に実施することを前提としつつ、司法試験及び司法修習との有機的な連携を図るものとすること
⑤以上のような教育を効果的に行い、かつ社会的責任を伴う高度専門職業人を養成するという意味からも、教員につき実務法曹や実務経験者等の適切な参加を得るなど、実務との密接な連携を図り、さらには実社会との交流が広く行われるよう配慮すること
⑥入学者選抜については、他学部・他大学の出身者や社会人等の受入れにも十分配慮し、オープンで公平なものとすること
⑦資力のない人や社会人、法科大学院が設置される地域以外の地域の居住者等にも法曹となる機会を実効的に保障できるよう配慮すること
⑧法科大学院における適正な運営の確保及びその教育水準の維持・向上を図るため、公正かつ透明な評価システムを構築するなど、必要な制度的措置を講じること

法曹として実務に携わる前に実務修習を行うことの意義は十分に認められることから、少なくとも実務修習は法科大学院における教育とは別に実施するものとすべきであるという点でも基本的に異論はなかった。

さらに、法科大学院が法曹養成という重要な社会的責任を適切に果たすために必要な人的・財政的基盤の抜本的整備については、国、地方公共団体、法曹三者及びその他の関連機関が適切かつ十分な支援を行う必要があることでも、認識は一致した。

Ⅲ　今後の審議の進め方

ただ、現在、各大学や法曹関係者の間で議論されている法科大学院の構想には様々のものがあり、その設置形態や法学部での教育との関係、入学者選抜の方法、教育内容・方法、教育体制、司法試験・司法修習との関係等、具体的に詰めるべき点はなお少なくない。そこで、これらの点につき具体的な内容を専門的・技術的な面を含め十分に検討した上で、当審議会としても、法科大学院構想について、その実現可能性や妥当性を判断する必要がある。

しかしながら、その検討の前提となるこれらの専門的・技術的細目のすべてを当審議会で審議することは、限られた期間内において司法制度全般にわたる多岐の事項を審議する責務を課せられた当審議会にとっては、極めて困難である。

そこで、法科大学院における法曹養成教育の在り方やその制度設計に関する具体的事項については、司法制度改革審議会設置法（平成11年法律第68号）第6条第1項の定めるところにより、文部省において大学関係者及び法曹三者の参画の下に適切な場を設けて、専門的・技術的見地から検討を行った上、その結果を本年9月頃までに資料として提出することを依頼し、その検討結果をも踏まえて、当審議会として、法曹養成制度の在り方につき、国民的見地から更に審議を行い、判断を下すこととしたい。

なお、その専門的・技術的見地からの検討に当たっては、これまでの当審議会における審議で明らかとなった別紙のような基本的考え方に留意するとともに、当審議会の求めに応じて検討状況を随時報告し、当審議会での審議の状況を反映しながら検討を進めるよう求めるものとする。

以上

別紙／法科大学院（仮称）に関する検討に当たっての基本的考え方

（1）目的

司法・法曹が21世紀のわが国社会において期待される役割を十全に果たすための人的基盤を確立することを目的として、大学学部教育・司法試験・司法修習などと連携を有する基幹的な高度専門教育機関（いわゆる法科大学院）の設置を検討するものとする。

（2）法科大学院における教育理念

法科大学院における新たな法曹養成教育の在り方については、理論的教育と実務的教育を架橋するものとして、以下の基本的理念が統合的に実現されるよう検討がなされなければならない。

①法科大学院における教育は、法の支配の担い手であり、「国民の社会生活上の医師」としての役割を期待される法曹に共通して必要とされる専門的資質・能力の習得と、かけがえのない人生を生きる人々の喜びや悲しみに対して深く共感しうる豊かな人間性の涵養・向上を図るものでなければならない。

②法科大学院における教育は、専門的な法知識を確実に習得させるとともに、それを批判的に検討し、また発展させていく創造的な思考力、あるいは事実に即して具体的な法的問題を解決していくために必要な法的分析能力や法的議論の能力等を育成する

い、意見交換を行った。そして、4月11日の第16回会議においては、過去2回の議論の内容を整理しつつ更に意見交換を行った。

Ⅱ 基本認識

以上のようなこれまでの審議の結果、当審議会では、司法制度の制度的基盤の強化が実を結び、成果をあげるためには、その制度の運営を委ねるに足る質・量ともに豊かな人材（法曹）を得なければならないとの認識に到達した。

この点について、「論点整理」で指摘したように、我が国の法曹人口は先進諸国との比較において、その総数においても、また司法試験を通じて誕生する新たな参入者数においても、極めて少ない状況にある。加えて今後の法曹需要はますます多様化・高度化することが予想され、これに応えるべく法曹人口の大幅な増加を目指す必要がある。

また、21世紀の司法を担う法曹に必要な資質としては、豊かな人間性や感受性、幅広い教養と専門的知識、柔軟な思考力、説得・交渉の能力等の基本的資質に加えて、社会や人間関係に対する洞察力、人権感覚、先端的法分野や外国法の知見、国際的視野と語学力等が一層求められてくるとの認識で一致した。

翻って現在の法曹養成制度がそのような要請に十分に応え得るものとなっているかを考えてみると、現行の司法試験は開かれた制度としての長所を持つものの、合格者数が徐々に増加しているにもかかわらず依然として受験競争が厳しい状態にあり、受験者の受験技術優先の傾向が顕著となってきたこと、これ以上の合格者数増をその質を維持しつつ図ることには大きな困難が伴うこと、等の問題点が認められ、その試験内容や試験方法の改善のみによってそれらの問題点を克服することには限界がある。

一方、これまでの大学における法学教育は、基礎的教養教育の面でも法学専門教育の面でも必ずしも十分なものとはいえなかった上、学部段階では一定の法的素養を持つ者を社会の様々な分野に送り出すことを主たる目的とし、他方、大学院では研究者の養成を主たる目的としてきたこともあり、法律実務との乖離が指摘されるなど、プロフェッションとしての法曹を養成するという役割を、適切に果たしてきたとは言い難いところがある。しかも、司法試験における競争の激化により、学生が受験予備校に大幅に依存する傾向が著しくなり、「ダブルスクール化」、「大学離れ」と言われる状況を招いており、法曹となるべき者の資質の確保に重大な影響を及ぼすに至っている。

これらの問題点を克服し、司法・法曹が21世紀のわが国社会において期待される役割を十全に果たすための人的基盤を確立するためには、法曹人口の大幅な増加や弁護士改革など、法曹の在り方に関する基本的な問題との関連に十分に留意しつつ、司法試験という「点」のみによる選抜ではなく法学教育・司法試験・司法修習を有機的に連携させた「プロセス」としての法曹養成制度を新たに整備することが不可欠である。

この点で、法曹養成に特化した教育を行うプロフェッショナル・スクールとしての「法科大学院」（仮称。以下同じ）の設置に関する構想が各大学から相次いで公表され、大学関係者や法曹関係者の間で活発な議論が展開されているが、この法科大学院構想は、上記のような新たな法曹養成制度の核となるものとして、有力な方策であると考えられる。そして、そのような方向を採用するとした場合には、当然、司法試験を含む法曹資格付与の在り方も、法科大学院における教育に適切に対応したものとし、プロセスを重視した法曹養成制度としての一貫性を確保する必要があろう。また、

【資料1】法曹養成制度の在り方に関する審議の状況と今後の審議の進め方について

2000年4月25日　　　　　　　　　　　　司法制度改革審議会

I　審議の経過

　当審議会では、昨年12月21日に決定した「司法制度改革に向けて―論点整理―」において、今般の司法制度改革を論じるに当たって立脚すべき3つの視点、すなわち、第1に、「一国の法がこの国の血肉と化し、『この国のかたち』となるため」に、第2に、「国民一人ひとりが、統治客体意識から脱却し、自律的でかつ社会的責任を負った統治主体として、互いに協力しながら自由で公正な社会の構築に参画していく」ようになるために、第3に、法曹が「『国民の社会生活上の医師』の役割」を果たすために、それぞれ何をなすべきかとの視点を設定した。法曹養成制度の在り方に関しては、「21世紀の司法を支えるにふさわしい資質と能力（倫理面を含む）を備えた法曹をどのようにして養成するか」という「課題は、大学（大学院を含む）における法学教育の役割、司法試験制度、司法修習制度、法曹の継続教育の在り方等を中心に、総合的・体系的に検討されなければならない。」とした上で、「『法律家に対する教育の在り方が一国の法制度の根幹を形成する』といわれるように、古典的教養と現代社会に関する広い視野をもち、かつ、『国民の社会生活上の医師』たる専門的職業人としての自覚と資質を備えた人材を育成する上で、大学（大学院）に課された責務は重く、法曹養成のためのプロフェッショナル・スクールの設置を含め、法学教育の在り方について抜本的な検討を加えるべきである。」と指摘して、その問題意識を提示した。

　当審議会は、「法曹養成制度の在り方」に関する審議に先立ち、竹下守夫会長代理からのレポートを基に「国民がより利用しやすい司法の実現」及び「国民の期待に応える民事司法の在り方」に関して審議を行い、さらに中坊公平委員からのレポートを基に「弁護士の在り方」に関する審議を行った。「国民がより利用しやすい司法の実現」及び「国民の期待に応える民事司法の在り方」に関するレポートと審議では、民事司法の改革のために人的基盤の大幅な拡充が必要であることが指摘され、さらに「弁護士の在り方」に関するレポートと審議では、法曹（弁護士）人口の大幅な増員が必要であること、弁護士が様々な分野に広く進出することが求められていること、弁護士業務の公益的側面が重視されるべきであることが確認され、以上を踏まえて新しい法曹養成制度の在り方が検討されなければならないことについて合意された。

　これを受けて、当審議会では、「法曹養成制度の在り方」について本年3月2日、3月14日及び4月11日の3回にわたり審議を重ねてきた。

　まず、3月2日の第14回会議においては、井上正仁委員からの「法曹養成制度改革の課題」についてのレポートを基に意見交換を行った。次いで、3月14日の第15回会議においては、司法試験関係について小津博司法務大臣官房人事課長、司法修習関係について加藤新太郎東京地方裁判所判事、大学法学教育関係について小島武司中央大学法学部教授からそれぞれヒアリングを行

> このブックレットは、日本弁護士連合会主催で、2000年7月29日、弁護士会館クレオ（東京・霞ヶ関）で行われた「シンポジウム／日本型ロースクール—公平、開放、多様なロースクールを確立するために」の録音を反訳し、再現したものである。

日本型ロースクールをどう創るのか
公平性・開放性・多様性を確立するために

2001年1月10日　第1版　第1刷発行

編　者	日本弁護士連合会
発行者	成澤壽信
発行所	(株)現代人文社
	〒160-0016 東京都新宿区信濃町20　佐藤ビル201
	電話：03-5379-0307（代表）　FAX：03-5379-5388
	Eメール：genjin@gendaijinbun-sha.com
	郵便振替：00130-3-52366
発売所	(株)大学図書
印刷所	(株)ミツワ
装　丁	清水良洋

検印省略　Printed in Japan
ISBN4-87798-034-2 C3032
©2001 NIHON-BENGOSHI-RENGOKAI

本書の一部あるいは全部を無断で複写・転載・転訳載などをすること、または磁気媒体等に入力することは、法律で認められた場合を除き、著者および出版者の権利の侵害となりますので、これらの行為を行なう場合には、あらかじめ小社または編者宛てに承諾を求めて下さい。